五味文彦・本郷和人・西田友広［編］

16 将軍追放

現代語訳 吾妻鏡

吉川弘文館

凡　例

一　『現代語訳吾妻鏡』は、鎌倉時代を知るための基本史料である『吾妻鏡』の原文を、広く親しみやすいように現代語訳し、関連する注を施したものである。

二　現代語訳の原文は、新訂増補国史大系に収められる『吾妻鏡』の本文を使用した。原文を改め、現代語訳した場合は、その旨を注に記した。

三　『現代語訳吾妻鏡』は本文十六巻・別巻からなり、本巻には原文の第五十一・第五十二（弘長三年正月〜文永三年七月）の現代語訳を収めた。

四　現代語訳ならびに注は左記の分担により原稿を作成し、これに五味文彦・本郷和人・西田友広・遠藤珠紀・杉山巖が検討を加えた。

第五十一　弘長三年正月〜三月　赤澤春彦
弘長三年四月〜七月　杉山　巖
弘長三年八月　杉山　巖・今野慶信
弘長三年九月　杉山　巖

弘長三年十月〜十二月　今野慶信
第五十二　文永二年正月〜三月　今野慶信
文永二年四月〜文永三年七月　桃崎有一郎

五　現代語訳は、わかりやすさを旨とし、原文が単一の文でも複数の文に分けて訳すなどの処置を施した場合がある。
六　原文の割注は本文に含めて現代語訳したが、〔　〕内に注の形で残した場合がある。また本文中の（　）内は現代語訳に際しての補記を示す。
七　目次には月ごとに主要記事を摘記し、読者の便を図った。
八　注は、既往の研究成果によったが、本書の性格上、研究者名、著書・論文名はおおむね省略に従った。関係各位に謝意を表するものである。なお、人名・地名については安田元久編『吾妻鏡人名総覧』（吉川弘文館）、『角川日本地名大辞典』（角川書店）・『日本歴史地名大系』（平凡社）を参照した。
九　各巻に当該巻の時代の政治情勢を概観した「本巻の政治情勢」を掲げる。
十　本書に関連する表・図を巻末に付録とした。
十一　本書は、日本学術振興会の科学研究費補助金による基盤研究（B）「歴史史料と中世都市の情報学的研究」（研究代表者　本郷和人）の成果の一部である。

目次

凡例
本巻の政治情勢

現代語訳吾妻鏡16 将軍追放

吾妻鏡 第五十一

弘長三年(一二六三) …… 2

正月 …… 2

垸飯/宗尊、北条時頼邸に御行始/宗尊、鶴岡八幡宮に参詣/北条時宗、疱瘡を発症/旬の御蹴鞠の奉行を定める/御弓始/月蝕/光の怪異/二所詣の供奉人につき審議

二月 …… 18

御所で当座の和歌御会／北条政村邸で千首和歌会
三月……19
大倉薬師堂、供養／北条時頼、信濃善光寺に寺領を寄附
四月……22
宗尊、二所詣に出発
五月……26
宗尊、二所詣より帰る／北条時宗邸で鷺の怪異／安倍範元、天文密奏の宣旨を受ける
六月……27
宗尊上洛につき審議。諸国に課役を充てる／宗尊、百首御詠を終える／御所で『帝範』の談義
七月……29
東御方、小町邸に移徙／鶴岡八幡宮放生会の供奉人につき審議／宗尊、『帝範』の談義を終える／宗尊、歌集『初心愚草』を編纂
八月……33
広御所で『臣軌』の談義／御所で五十首の歌合／鶴岡八幡宮放生会の供奉人について審議／宗尊上洛につき審議／廂御所で五十韻の連

歌／雷雨、大風。御所の西侍、倒壊。由比浜で船数十艘が破損、沈没／鶴岡八幡宮放生会／大風により諸国、損亡。宗尊の上洛を延期／大風。由比浦や伊豆の海で船が沈没
九月 …………………… 52
切銭を禁止／武蔵大路の卒塔婆に落雷／宗尊、病む／金沢実泰、死去
十月 …………………… 54
六波羅の検断などにつき審議／北条重時三回忌／藤原為家、宗尊の五百首の和歌に合点を加える
十一月 …………………… 55
二階堂行頼、死去／藤原宰子、着帯／小町、焼亡／北条時頼、死去。名越時章ら出家
十二月 …………………… 59
あらためて北条時頼の死去による出家を禁じる／若宮大路、焼亡／藤原宰子の御産所につき審議

吾妻鏡　第五十二

文永二年（一二六五）……62

正月……62
日蝕、正現せず／垸飯／宗尊、北条時宗邸に御行始／延暦寺・園城寺間の騒動の報、鎌倉に到る／御弓始／評定始／御鞠始

二月……65
宗尊、二所詣／笠間時朝、死去

三月……66
宗尊、童舞を見る／鎌倉中の町屋を九ヵ所に限定／藤原宰子、鶴岡八幡宮寺に七日間参籠／太田康宗、死去

四月……69
宗尊の夢のお告げにより、泰山府君祭を行う

閏四月……70
北条時宗、小侍所に、将軍御所の出仕の番に当たっていながら、出仕していない人々の名の注進を求める

五月……70

藤原実経の関白拝賀の報、鎌倉に到る／高柳幹盛・惟宗文元、所領について相論
六月……72
安達義景十三回忌。無量寿院での仏事の最中に、仮設の聴聞所が大雨により倒壊、負傷者が出る／大雨により亀谷・泉谷で山崩れ／宗尊、北条時宗の最明寺邸に赴く
七月……75
宗尊、北条政村の小町邸に赴く／宗尊、北条時宗の山内邸に赴く
八月……77
北条長時一周忌／鶴岡八幡宮放生会。宗尊、藤原宰子の懐妊により、参詣・奉幣せず
九月……78
藤原宰子、姫宮（のちの掄子）を出産
十月……79
二階堂行泰、死去／御所で連歌御会／北条時頼三回忌／貢馬御覧
十一月……80
信濃善光寺警固の奉行人を廃止

十二月 …… 81

北条政村邸で続歌合／彗星出現

文永三年（一二六六） …… 82

正月 …… 82

垸飯／彗星出現／宗尊、北条時宗邸に御行始／御弓始／宗尊の若宮（のちの惟康）の魚味／宗尊、鶴岡八幡宮に参詣

二月 …… 84

泥混じりの雨が降る／二所へ奉幣使を派遣／宗尊、御馬御覧／変異の祈禱

三月 …… 86

雹が降る／藤原親家、将軍の使者として上洛／訴訟の引付での審理を停止／姫宮（のちの掄子）の五十日・百日／訴訟について法を定める／あらためて鷹狩を禁じる／難波宗教、蹴鞠での上括を批難

四月 …… 90

宗尊、小瘡を病む／数十人が比企谷に群集し、飛礫・乱闘

五月 …… 92

日蝕、正現せず／宗尊の病により、広御所で修法

六月……92
藤原親家、京より鎌倉に帰参し、後嵯峨より内々の宗尊への諫めの言葉を伝える／藤原宰子・姫宮(のちの掄子)、山内殿へ移り、若宮(のちの惟康)、北条時宗邸へ移る。鎌倉中、騒動／近国の御家人、鎌倉に群集

七月……93
甲冑を着た軍勢、大路に集合。北条時宗と宗尊との間で使者が往復。宗尊の近臣、御所を去る／宗尊、北条時盛邸より帰洛の途に就く／宗尊、京に着く

注……97
付　録……136
あとがき……145

12　『現代語訳吾妻鏡』1〜16 担当者……147

本巻の政治情勢

『現代語訳吾妻鏡』16（将軍追放）には、弘長三年（一二六三）正月から文永三年（一二六六）七月までの記事を収める。ただし文永元年（一二六四）は『吾妻鏡』の記事が欠落している。また、前巻では弘長元年（一二六一）までの記事を収めたが、本巻は弘長三年からであり、『吾妻鏡』には弘長二年の記事も欠落している。

この時期には、弘長元年に幕府が発した弘長新制を踏まえた政策が打ち出され、朝廷でも弘長三年に公家新制が発せられて、公武協調しての撫民政策が推進された。しかし、弘長三年に得宗北条時頼が死去し、文永元年には執権北条長時が死去して、連署の北条政村が執権に、時頼の子の時宗が連署に就任して、幕府は新たな体制となる。そして文永三年には将軍宗尊親王が京都に送還され、『吾妻鏡』はその記事を終えることとなる。

ではまず、前巻と本巻の間に当たり、『吾妻鏡』の記事が欠けている弘長二年の政治状況から見てゆこう。

弘長二年（一二六二）五月、幕府は西国の治安維持に関する十か条の法を定め、六波羅に伝達した（追加法四〇七〜四一六、以下『中世法制史料集第一巻鎌倉幕府法』(岩波書店)による)。これは弘長新制における悪党検断条項(追加法三六八)を踏まえたもので、六波羅が管轄する西国を念頭に、悪党検断に関わる具体的な細則を定めている。ここでは、本来は幕府の管轄ではない、武家関係者の関与しない案件であっても、朝廷から命じられた狼藉に関する案件については、場合によっては対処することも記されており、検断における幕府の役割の拡大が窺える。実際、この年の閏七月には武家関係者の関与しない、醍醐寺の内部対立による相論が、この法を根拠に幕府に持ち込まれている(『鎌倉遺文』一二一八八四七ほか)。

また六月には引付がそれまでの五番から三番に編成替えが行われている(『関東評定衆伝』)。

なお、この年の二月から閏七月にかけて、鎌倉には奈良・西大寺の叡尊が滞在していた(『関東往還記』など)。弘長元年十二月・弘長二年正月と、金沢実時の使者が西大寺を訪れて叡尊の鎌倉下向を要請し、叡尊は二月二十七日に鎌倉に入った。叡尊は北条時頼・金沢実時を始めとする北条氏一族や多くの御家人と交流し、多くの女性を含む様々な人々に戒を授け、また様々な慈善救済事業を行った。

弘長三年(一二六三)六月二十三日、前巻において正嘉の飢饉のため延期された将軍宗尊の上洛について審議が行われ、それに伴う百姓への課役の基準が示された。宗尊の鎌倉出発は十月三日とされ、八月九日には供奉人や道中の様々な役目の担当者が決定されている。また翌十日には、上洛に関する費用を十月以前に京都に進上することが、畿内・西国の御家人に命じられた。このように上洛の準備が進められるなか、八月十四日に暴風雨が発生した。幕府御所でも建物が倒壊し、由比浜では数十艘の船が沈没した。この暴風雨は全国的に被害をもたらし、宗尊の上洛は八月二十五日に再び延期が決定された。なお上洛にともなう経費として徴収された京上役は、いったん百姓に返還するよう指示されている。

この宗尊の上洛は、幕府と朝廷が協調しての撫民政策・徳政を示す意義があったとされ、八月十三日には朝廷から公家新制が発せられていたのであるが、まさにその翌日に暴風雨が発生したのは皮肉であった。

十月十日には、六波羅による検断について評定が行われ、強盗について、地頭が設置されていない本所一円地において、守護への引き渡しか領内からの追放が行われない場合、その所領に地頭を設置する方針が示された。これは正嘉二年（一二五八）の幕府法（『吾妻鏡』同年九月二十一日条・追加法三二〇）や、先に見た弘長新制・弘長二年の幕府法と一連の政策であり、幕府が、本来その管轄外であった本所一円地での治安維持にも関与を強めていったことを示している。

こうしたなか、北条時頼が体調を崩し、十一月八日には様々な祈禱が行われたことが見える。同十三日には時頼の病は「危急」となり、同十九日には時頼は自らの死を悟り、最明寺の北亭に居所を移した。同二十二日、時頼は衣袈裟を身にまとい、縄床で座禅したまま、静かに死を迎えた。二十歳の時に、兄である経時の病死により図らずも執権の座につき、多くの政変を潜り抜けてきた時頼は、この時、三十七歳であった。

文永元年(一二六四)は『吾妻鏡』の記事が欠けているが、北条時頼の「眼代」(代官)として執権の座にあった北条長時が死去し、時頼の子である時宗が連署となった年である。

この年の四月にはいくつかの幕府法が発せられたことが確認できる(追加法四二〇〜四二七)。この中に、「諸国の百姓」が稲を刈り取った田に麦を蒔くことが行われており、その麦への課税を禁止する法がある。この法は備前国・備後国の他、肥前国にも伝達された可能性があり(『鎌倉遺文』一二一九〇八一)、「諸国」の文言からも、この頃には全国に二毛作が普及していたと考えられる。また農繁期である夏の三か月間は定まった先例以外に領主が私的に百姓を使役することを禁止する法や、百姓への臨時の賦課を禁止する法など、撫民政策が継続していることが窺える。

七月三日には執権の北条長時が出家した。八月五日には連署の北条政村が執権に、八月十日には北条時宗が連署になり、幕府は新しい体制となる。政村は六十歳、時宗は十四歳であった。なお、長時は八月二十一日に死去しており、出家は病気によるものと考えられる。

なお、この年の四月二十九日には宗尊に男子(のちの将軍惟康)が誕生している。

文永二年(一二六五)は正月早々に六波羅からの急使が鎌倉に到着した。延暦寺と園城寺との騒動によるものであり、幕府では評定始以前ではあったが、急遽評定が行われ、使者はすぐに上洛している(正月五日・六日条)。前巻でも触れたとおり、延暦寺と園城寺は同じ天台宗でありながらさまざまな点で対立していた。文永元年（一二六四）三月には、延暦寺の戒壇が内部抗争に伴って焼失したことを機に、園城寺が戒壇を設置し、五月に延暦寺が園城寺を焼き払った。この騒動の首謀者を処罰するため、十二月十四日に二階堂行綱と長井時秀が上洛しており、院宣や行綱の書状などがもたらされたのである（『外記日記』『天台座主記』など）。その後、二月には延暦寺側の首謀者の召し捕りを命じた衾宣旨《ふすまのせんじ》（『鎌倉遺文』一二―九二二五）が発給されている。

また、この年の九月には宗尊に女子（のちの掄子）が誕生している。

文永三年（一二六六）は彗星と共に明けた。

この年の三月六日、幕府では引付による訴訟の審理が停止され、引付が行ってきた勘録（判決原案）の作成は問注所に移された。この措置は文永六年（一二六九）に引付が復活されるまで続くこととなる。なお、この日の記事は難解でこれまでも様々な解釈がなされている。

六月十九日、得宗被官の諏訪盛経が急使として上洛した。これ以降、事態は急速に動き始め、翌二十日には時宗邸で「深秘御沙汰」が行われ、宗尊の護持僧であった良基が行方を晦ました。二十三日には宗尊の妻室の藤原宰子と女子（のちの掄子）が時宗の山内《やまのうち》殿へ移り、宗尊の男子（のちの惟康）も時宗邸に移った。二十六日には近国の御家人が鎌倉に集まった。御家人らの参集は止まらず、七月には武具を着用した軍勢となった。七月四日、御所を出た宗尊は北条時盛の佐介邸に移り、鎌倉を去って行った。建長四年（一二五二）に将軍として鎌倉に下ってから十四年、宗尊は二十五歳になっていた。

宗尊は二十日に六波羅に入り、この日の記事をもって『吾妻鏡』は終わりを迎える。

翌八月、モンゴルのフビライは日本招諭のため兵部侍郎の黒的と礼部侍郎の殷弘を派遣した。両者は十一月、日本海渡海を諦めて高麗から引き返すが、モンゴルの脅威はすでに迫っていた。モンゴル襲来を機に時代は大きく転換してゆくこととなるが、それは『吾妻鏡』以降のことである。

（西田友広）

現代語訳吾妻鏡16

将軍追放

吾妻鏡　第五十一

弘長三年（一二六三）癸亥《みずのとい》

正月小《しょう》[1]

一日、壬午《みずのえうま》。曇り。垸飯《おうばん》[2]（相州禅室（道崇、北条時頼[3]）の御差配）。相州（北条政村[4]）以下が布衣《ほい》[5]を着て出仕することはいつも通り。時刻であると告げた後、それぞれ庭上の座に降りて並んだ。

左《さ》馬権頭《まのごんのかみ》（北条）時宗[6]　相模《さがみ》四郎（北条）宗政[7]
武蔵《むさし》前司（大仏《おさらぎ》）朝直[8]　尾張《おわり》前司（名越《なごえ》）時章[9]
越前《えちぜん》々司（北条）時広[10]　相模三郎（北条）時輔[11]
同七郎（北条）宗頼[12]　遠江《とおとうみ》前司（北条時直）[13]
相模左近大夫将監《しょうげん》（北条）時村[14]　遠江右馬助（北条）清時[15]
中務大輔（名越）教時[16]　民部権大輔（北条）時隆[17]
尾張左近大夫将監（名越）公時[18]　陸奥《むつ》左近大夫将監（北条）義宗[19]

刑部少輔(名越)時基[20]
武蔵式部大輔(大仏)朝房[21]
弾正少弼(北条)業時[22]
越後《えちご》四郎(金沢)顕時[23]
武蔵五郎(大仏)時忠[24]
陸奥十郎(北条)忠時[25]
駿河《するが》四郎(北条)兼時[26]
武蔵八郎(大仏)頼直[27]
駿河五郎(北条)通時[28]
備前《びぜん》太郎(名越)宗長[29]
遠江四郎(北条)政房[30]
武蔵九郎(大仏)朝貞[31]
宮内権大輔(長井)時秀[32]
那波刑部権少輔政茂[33]
秋田城介(安達泰盛)[34]
和泉《いずみ》前司(二階堂行方)[35]
佐々木壱岐《いき》前司(泰綱)[36]
武藤[37]少卿[38](景頼)
後藤壱岐前司(基政)[39]
小山出羽《おやまでわ》前司(長村)[40]
縫殿頭《ぬいのかみ》(中原師連)[41]
越中《えっちゅう》前司(宇都宮頼業)[42]
長門《ながと》前司(笠間時朝)[43]
日向《ひゅうが》前司(宇佐美祐泰)[44]
加賀《かが》前司(二階堂行頼)[45]
佐々木対馬《つしま》守(氏信)[46]
中務権少輔(藤原重教)[47]
宇都宮石見《いわみ》前司(宗朝)[48]
畠山上野《こうずけ》三郎(国氏)[49]
木工権頭《もくのごんのかみ》(藤原親家)[50]
駿河右近大夫(俊定)[51]
能登《のと》蔵人(藤原仲家)[52]

美作《みまさか》左衛門大夫（藤原家教[53]）
城四郎左衛門尉《さえもんのじょう》（安達時盛[55]）
上野三郎左衛門尉（結城重義[57]）
佐々木壱岐三郎左衛門尉（頼綱[59]）
越中次郎左衛門尉（宇都宮長員[61]）
越中五郎左衛門尉（宇都宮泰親[63]）
信濃《しなの》左衛門尉（佐々木時清[65]）
後藤壱岐次郎左衛門尉（基広[67]）
大隅修理亮《おおすみしゅりのすけ》（島津久時[69]）
[71]大隅大炊助《おおいのすけ》
常陸《ひたち》左衛門尉（二階堂行清[73]）
筑前五郎左衛門尉（二階堂行重[75]）
伊勢《いせ》次郎左衛門尉（二階堂行経[77]）
甲斐《かい》三郎左衛門尉（狩野為成[79]）
[81]□□□郎左衛門尉
武石新左衛門尉（長胤[83]）

那波五郎（政元[54]）
佐渡《さど》新左衛門尉（後藤基通[56]）
城六郎兵衛尉《ひょうえのじょう》（安達顕盛[58]）
城弥九郎（安達長景[60]）
後藤壱岐左衛門尉（基頼[62]）
長門三郎左衛門尉（笠間朝景[64]）
越中六郎左衛門尉（宇都宮時業[66]）
遠江三郎左衛門尉（三浦泰盛[68]）
筑前《ちくぜん》三郎左衛門尉（二階堂行実[70]）
大曽禰太郎（長頼[72]）
周防《すおう》五郎左衛門尉（島津忠景[74]）
梶原上野太郎左衛門尉（景綱[76]）
隠岐《おき》四郎兵衛尉（二階堂行廉[78]）
伊勢三郎左衛門尉（二階堂頼綱[80]）
加藤左衛門尉（景経[82]）
小野寺四郎左衛門尉（通時[84]）

紀伊《きい》次郎左衛門尉（豊《と》島《しま》為経[85]）　小野寺新左衛門尉（道継[86]）
進三郎左衛門尉（宗長[87]）　甲斐五郎左衛門尉（狩野為定[88]）
内藤肥後《ひご》六郎左衛門尉（時景[89]）　佐々木孫四郎左衛門尉（泰信[90]）
出羽八郎左衛門尉（二階堂行世[91]）　伊賀《いが》四郎左衛門尉（小田景家[92]）
狩野四郎左衛門尉（景茂[93]）　伊東八郎左衛門尉（祐光[94]）
備後《びんご》太郎[95]　信濃判官次郎左衛門尉（二階堂行宗[96]）
伊賀式部八郎左衛門尉（仲光[97]）　薩摩《さつま》七郎左衛門尉（安積《あさか》祐能[98]）
平賀三郎左衛門尉（惟時[99]）　備後次郎[100]
周防七郎（島津定賢[101]）　備後三郎[102]
天野肥後三郎左衛門尉[103]　同肥後四郎左衛門尉[104]
足立右衛門五郎（遠時[105]）　佐々木加地《かじ》太郎左衛門尉（実綱[106]）

将軍家（宗尊[107]）が（御所の）南面にお出ましになった。土御門《つちみかど》大納言（源顕方[108]）が参り進み、御簾を三間分巻き上げた。次に進物。御剣は武蔵前司（大仏）朝直、御調度[109]は中務大輔（名越）教時、御行縢《むかばき》[110]・沓《くつ》は宮内権大輔（長井）時秀。

一御馬　武蔵五郎（大仏）時忠　岡村三郎兵衛尉[111]
二御馬　城六郎兵衛尉（安達）顕盛　同九郎（安達）長景

三御馬　出羽八郎左衛門尉(二階堂)行世　同九郎(二階堂)宗行[112]

四御馬　佐々木壱岐三郎左衛門尉頼綱　同四郎左衛門尉長綱[113]

五御馬　相模三郎(北条)時輔　諏方四郎左衛門尉[114](盛頼)

未《ひつじ》の刻に宗尊の御行始《おなりはじめ》[115]。時頼の邸宅に入られた。供奉人(は以下の通り)。

御所御方(宗尊)

(御剣役)武蔵前司(大仏)朝直　同五郎(大仏)時忠

尾張前司(名越)時章　同左近大夫将監(名越)公時

左馬権頭(北条時宗)　越前々司(北条)時広

相模三郎(北条)時輔　刑部少輔(名越)時基

越後四郎(金沢)顕時　陸奥十郎(北条)忠時

秋田城介(安達)泰盛　同九郎(安達)長景

和泉前司(二階堂)行方　佐々木壱岐前司泰綱

中務権少輔(藤原)重教　越中前司(宇都宮)頼業

後藤壱岐前司基政　日向前司(宇佐美)祐泰

縫殿頭(中原)師連　美作左近蔵人(藤原)家教[116]

小野寺四郎左衛門尉通時　常陸左衛門尉(二階堂)行清

信濃左衛門尉(佐々木)時清　周防三郎左衛門尉(島津)忠景
筑前三郎左衛門尉(二階堂)行実　進三郎左衛門尉宗長
加藤左衛門尉景経　甲斐三郎左衛門尉(狩野)為成
伊東八郎左衛門尉祐光　狩野四郎左衛門尉景茂
佐々木対馬四郎左衛門尉宗綱[117]　大見肥後四郎左衛門尉行定[118]
中御所御方(藤原宰子)[119]〔八葉《はちよう》の御牛車《ぎっしゃ》。[120]御衣を出された〕[121]
中務権大輔(名越)教時　相模左近大夫将監(北条)時村
民部権大輔(北条)時隆　武蔵式部大夫(大仏)朝房
遠江右馬助(北条)清時　相模七郎(北条)宗頼
刑部権少輔(那波)政茂　宮内権大輔(長井)時秀
長門前司(笠間)時朝　佐々木対馬前司氏信
畠山上野三郎国氏　大隅修理亮(島津)久時
城四郎左衛門尉(安達)時盛　後藤壱岐前司基頼
小野寺新左衛門尉道継　梶原太郎左衛門尉景綱
伊勢次郎左衛門尉(二階堂)行経　武石新左衛門尉長胤
信濃判官次郎左衛門尉(二階堂)行宗　島津周防七郎定賢

御引出物。御剣は尾張前司(名越)時章、砂金は左近大夫将監(北条)時村、羽は秋田城介(安達)泰盛。

　一御馬　相模七郎(北条)宗頼　平新左衛門尉頼綱[122]

　二御馬　筑前左衛門尉(二階堂)行実　同五郎左衛門尉(二階堂)行重

二日、癸未《みずのとひつじ》。晴れ。垸飯《おうばん》〔相州(北条政村)の御差配〕。御簾は土御門《つちみかど》大納言(源顕方)。御剣は尾張《おわり》前司(名越《なごえ》)時章、御調度は越前《えちぜん》々司(北条)時広、御行騰《むかばき》は和泉《いずみ》前司(二階堂)行方。

　一御馬　相模《さがみ》左近大夫将監《しょうげん》(北条)時村　四方田新三郎左衛門尉《さえもんのじょう》[123](高政)

　二御馬　越後《えちご》四郎(金沢)顕時　糟屋左衛門三郎行村[124]

　三御馬　城六郎兵衛尉《ひょうえのじょう》(安達)顕盛　同九郎(安達)長景

　四御馬　出羽《でわ》八郎左衛門尉(二階堂)行世　同九郎(二階堂)宗行

　五御馬　越後六郎(金沢)実政[125]　伊賀《いが》右衛門次郎(光清)[126]

今日、元日に出仕した人員の中から、鶴岡(八幡宮)御参詣の供奉のため(宗尊が)[127]御点を下された。

三日、甲申《きのえさる》。晴れ。垸飯《おうばん》〔武州(北条長時)[128]の御差配〕。御簾は土御門《つちみかど》大納言(源顕方)。御剣は中務権大輔(名越《なごえ》)教時、御調度は左近大夫将監《しょうげん》(名越)公時、御行騰《むかばき》は太宰権少弐(武藤)景頼。

　一御馬　相模《さがみ》七郎(北条)宗頼　安東宮内左衛門尉《さえもんのじょう》[129]景光

　二御馬　梶原太郎左衛門尉景綱　同五郎景方[130]

　三御馬　甲斐《かい》三郎左衛門尉(狩野)為成　同五郎左衛門尉(狩野)為定

四御馬　上野《こうずけ》三郎左衛門尉（結城）重義　同左衛門五郎（結城）[131]宗光
五御馬　陸奥《むつ》十郎（北条）忠時　[132]牧野太郎兵衛尉

五日、丙戌《ひのえいぬ》。（宗尊の）[133]鶴岡（八幡宮）御参詣の供奉人を催促したという。

七日、戊子《つちのえね》。晴れ。将軍家（宗尊）が鶴岡八幡宮に参られた。

供奉人
（宗尊の）御牛車《ぎっしゃ》
城弥九郎（安達）長景　出羽《でわ》八郎左衛門尉《さえもんのじょう》（二階堂）行世
後藤壱岐《いき》次郎左衛門尉基広　長門《ながと》三郎左衛門尉（笠間）朝景
伊勢《いせ》三郎左衛門尉（二階堂）頼綱　梶原三郎左衛門尉[134]景氏
島津周防《すおう》七郎定賢　越中《えっちゅう》次郎左衛門尉（宇都宮）[135]長員
武石新左衛門尉長胤　[136]越中五郎左衛門尉（宇都宮泰親）
上野《こうずけ》三郎左衛門尉（結城）重義　伊賀《いが》四郎左衛門尉（小田）景家
狩野四郎左衛門尉景茂　平賀三郎左衛門尉惟時
薩摩《さつま》七郎左衛門尉（安積《あさか》）祐能　佐渡《さど》新左衛門尉（後藤）[137]基通
信濃《しなの》判官次郎左衛門尉（二階堂）行宗

以上の十七人は[138]直垂《ひたたれ》を着て帯剣し、御牛車の左右に祗候した

次に御後四十九人（布衣《ほい》）
武蔵《むさし》前司（大仏《おさらぎ》）朝直
同五郎（大仏）時忠
越前《えちぜん》々司（北条）時広
尾張《おわり》左近大夫将監《しょうげん》（名越）公時
民部権大輔（北条）時隆
相模三郎（北条）時輔
刑部少輔（名越）時基
越後《えちご》四郎（金沢）顕時
那波刑部少輔政茂
佐々木壱岐前司泰綱
越中前司（宇都宮）頼業
後藤壱岐前司基政
木工権頭《もくのごんのかみ》（藤原）親家
縫殿頭《ぬいのかみ》（中原）師連
畠山上野《こうずけ》三郎（国氏）

同式部大夫（大仏）朝房
同八郎（大仏）頼直
中務権大輔（名越《なごえ》）教時
相模左近大夫将監（北条）時村
同四郎（北条）宗政[139]
同七郎（北条）宗頼
遠江《とおとうみ》右馬助（北条）清時
陸奥《むつ》十郎（北条）忠時
宮内権大輔（長井）時秀
同三郎左衛門尉頼綱
長門前司（笠間）時朝
同太郎左衛門尉基頼
同左衛門蔵人（藤原）宗教
宇佐美日向《ひゅうが》前司祐泰
石見《いわみ》前司（宇都宮）宗朝

常陸《ひたち》左衛門尉（二階堂）行清
城六郎兵衛尉（安達）顕盛
信濃左衛門尉（佐々木）時清
和泉《いずみ》六郎左衛門尉（天野）景村[140]
紀《き》伊《い》次郎左衛門尉（豊島《としま》）為経
進三郎左衛門尉宗長
小野寺新左衛門尉道継
伊東八郎左衛門尉祐光
伊賀《いが》式部八郎左衛門尉仲光
佐々木加地太郎左衛門尉実綱

筑前《ちくぜん》三郎左衛門尉（二階堂）行実
大隅修理亮《おおすみしゅりのすけ》（島津）久時
〔御調度役〕周防五郎左衛門尉（島津）忠景
同七郎左衛門尉（天野）景経[141]
梶原太郎左衛門尉景綱
〔御沓《くつ》の[142]手《て》長《なが》〕加藤左衛門尉景経
甲斐《かい》三郎左衛門尉（狩野）為成
佐々木孫四郎左衛門尉泰信
大見肥後《ひご》四郎左衛門尉行定

八日、己丑《つちのとうし》。[143]前浜で御的始[144]の射手を選ばれた。[145]左典厩《さてんきゅう》（北条時宗）は病気のため出仕されなかった。十八人が五度射て退出したという。

一番　山城《やましろ》三郎左衛門尉《さえもんのじょう》（本間親忠[146]）　早河次郎太郎（祐泰[147]）
二番　渋谷新左衛門尉（朝重[148]）　横地左衛門次郎（師重[149]）
三番　伊東与一（祐頼[150]）　富士三郎五郎（員時[151]）
四番　松岡左衛門四郎（時家[152]）　平島弥五郎（助経[153]）

五番　伊東新左衛門尉[154]　小沼五郎兵衛尉（孝幸）[155]
六番　小島弥次郎（家範）[156]　渋谷右衛門四郎（清重）[157]
七番　栢間左衛門次郎（季忠）[158]　本間対馬《つしま》次郎兵衛尉《ひょうえのじょう》（忠泰）[159]
八番　落合四郎左衛門尉（頼業）[160]　神林兵衛三郎[161]
九番　早河六郎（祐頼）[162]　下山兵衛太郎[163]

九日、庚寅《かのえとら》。晴れ。来たる十二日に御弓始が行われるため、選んだ射手を催促された。「来たる十二日の辰《たつ》の刻以前に出仕するように。」という。

左典厩《さてんきゅう》（北条時宗）はこのところご病気で、今日、疱瘡を発症された。晩になって権律師隆政[164]が死去した（年は二十三歳）。

十日、辛卯《かのとう》。晴れ。和泉《いずみ》前司（二階堂）行方を奉行として、旬の御蹴鞠[165]の奉行が定められた。いずれも（蹴鞠に）秀でた者を選ばれたという。

正月・四月・七月・十月

上旬

冷泉中将（藤原）隆茂[166]朝臣《あそん》　右馬助（北条）清時
出羽《でわ》前司（小山）長村

中旬

越前々司(北条)時広　中務権少輔(藤原)重教
備中守《びっちゅう》(二階堂)行有[167]
下旬
足利大夫判官家氏[168]　武蔵《むさし》五郎(大仏《おさらぎ》)時忠
下野《しもつけ》左衛門尉《さえもんのじょう》(宇都宮)景綱[169]
二月・五月・八月・十一月
上旬
二条少将(飛鳥井)雅有朝臣[170]　刑部少輔(名越《なごえ》)時基
後藤壱岐《いき》前司基政
中旬
弾正少弼(北条)業時　越後《えちご》四郎(金沢)顕時
佐渡《さど》大夫判官(後藤)基隆[171]
下旬
左近大夫将監《しょうげん》(北条)時村　三河《みかわ》前司(新田)頼氏[172]
周防《すおう》左衛門尉(島津)忠景
三月・六月・九月・十二月

上旬
二条侍従(飛鳥井)基長[173]　相模《さがみ》三郎(北条)時輔
佐々木壱岐前司泰綱
中旬
中務権大輔(名越)教時　秋田城介(安達)泰盛
信濃《しなの》判官(佐々木)時清
下旬
左近大夫将監(名越)公時　木工権頭《もくのごんのかみ》(藤原)親家
城四郎左衛門尉(安達)時盛

十一日、壬辰《みずのえたつ》。明日の御弓始の射手のうち、小島弥次郎家範が差し障りがあると申したため、その相手である小沼五郎兵衛尉孝幸も同様に止められ、(六番を)五番に縮められた。そうしたところ今日、工藤三郎右衛門尉光泰[174]が計らって申した。「家範の差し障りにより、孝幸を止められて五番とすれば、もしさらに(御弓始の)その時になって差し障りを申す者が出た場合、四番となり、よろしくありません。早河六郎祐頼を孝幸の相手として、元のように六番とするのがよいのではないでしょうか」。そこで審議が行われ、そのようにしたという。孝幸・祐頼の二人が(射手として)催促された。

十二日、癸巳《みずのとみ》。御弓始が行われた。射手は十二人(十度射た)。

一番　山城《やましろ》三郎左衛門《さえもんの》尉《じょう》(本間)親忠　早河次郎太郎祐泰
二番　横地左衛門次郎師重　対馬《つしま》次郎兵衛尉(本間)忠泰
三番　渋谷右衛門四郎清重　伊東与一祐頼
四番　小沼五郎兵衛尉《ひょうえのじょう》孝幸　早河六郎祐頼
五番　松岡左衛門四郎時家　富士三郎五郎員時
六番　渋谷新左衛門尉朝重　平島弥五郎助経

十四日、乙未《きのとひつじ》。来たる二十一日より御祈禱を行うため、左大臣法印(厳恵)[175]の休息所として、出羽《でわ》入道々空(二階堂行義)[176]の家を指定されたという。

十五日、丙申《ひのえさる》。小雨が降り続き、夜になって晴れた。丑《うし》の刻に月蝕が正現した〔八分〕。(月蝕の)御祈禱は加賀《かが》法印定清[177]。

十七日、戊戌《つちのえいぬ》。赤い霞が白雲にまとわりつき、天気は快晴であった。戌《いぬ》の刻に、乾《いぬい》と巽《たつみ》の方角に炎の光のような色が見えた。一方の光が盛んな時は、もう一方の光は弱く、また光の強い部分と弱い部分が混じっていた。見た者はこれを怪しんだ。

十八日、己亥《つちのとい》。曇り。乾《いぬい》と巽《たつみ》の方角の赤い光は、昨夜と同様であった。御祈禱の大阿闍梨(厳恵)の休息所について、道空(二階堂行義)の家は、先ごろ弾正少弼(北条業時)が拝領していた。常陸《ひたち》入道(行日、二階堂行久[178])の家は、(行久が)来月の(宗尊の)二所[179]御参詣の御物などの差配を奉行するため(休息所の指定を免除され）、今日、後藤壱岐《いき》前司（基政）の家が指定されたという。

二十日、辛丑《かのとうし》。近日（宗尊の）二所御参詣が行われるため、供奉の惣人数をいつも通り注進したという。

二十三日、甲辰《きのえたつ》。（宗尊の）二所御参詣の供奉人などについて、条々の審議が行われた。先日（宗尊が）御点を下された人員のうち、多くが差し障りなどを申している。すなわち、

武蔵《むさし》前司（大仏《おさらぎ》朝直）　越中《えっちゅう》前司（宇都宮頼業）
民部権大輔（北条時隆）　中務権大輔（名越《なごえ》教時）
秋田城介（安達泰盛）　同四郎左衛門尉《さえもんのじょう》（安達時盛）
佐々木対馬《つしま》守（氏信）　縫殿頭《ぬいのかみ》（中原師連）
大須賀新左衛門尉[180]（朝氏）　出羽《でわ》九郎（二階堂宗行）

以上の十人は、病気であると申しているが、現在出仕している以上は、押して参勤するようにという。

[181]足立左衛門太郎（病気であると申している上に在国）
武蔵式部大夫（大仏朝房）　宮内権大輔（長井時秀）
佐渡《さど》大夫判官（後藤基隆）　周防《すおう》五郎左衛門尉（島津忠景）
後藤壱岐《いき》左衛門尉（基頼）　甲斐《かい》三郎左衛門尉（狩野為成）
同五郎左衛門尉（狩野為定）　小野寺新左衛門尉（道継）

近江《おうみ》左衛門尉(佐々木頼重[182])　和泉《いずみ》六郎左衛門尉(天野景村)
同七郎左衛門尉(天野景経)　進三郎左衛門尉(宗長)
大泉九郎(長氏[183])　足立左衛門五郎(遠時)

以上の十四人は、差し障りがあると申した。その事情を尋問するようにという。

相模《さがみ》左近大夫将監《しょうげん》(北条時村)　信濃《しなの》判官(佐々木時清)
大隅修理亮《おおすみしゅりのすけ》(島津久時)　畠山上野《こうずけ》三郎(国氏)
隠岐《おき》四郎兵衛尉《ひょうえのじょう》(二階堂行廉)　小野寺四郎左衛門尉(通時)
足立太郎左衛門尉(直元[184])　大須賀新左衛門尉(朝氏)〔在国〕

以上の八人は鹿食《ししくい》[185]という。暇《いとま》を申していないことについて、同じく尋問するようにという。

城六郎兵衛尉(安達顕盛)〔鳥を食べた〕

事情は同様。

以上、この通りである。

鹿食についてまず尋問されたところ、(鹿食が)禁制[186]であると知らなかったとそれぞれ陳謝したという。

二十五日、丙午《ひのえうま》。(宗尊の)二所御参詣が延期された。今回はまず、奉幣の御使者を用いられる。先日、承知した旨を返答した供奉人については、全員(宗尊の)御精進中に祗候するよう伝えよと、小侍所[187]に命じられた。武藤少卿景頼が命令を伝えたという。

二月大《だい》

二日、壬子《みずのえね》。小雨が降った。夜になって庭が雪で白くなった。御所で当座[1]の和歌御会が行われた。これは臨時のことである。そうしたところ相州（北条政村）が参られ、会は明け方まで続いた。

五日、乙卯《きのとう》。明日より御祈禱が行われるため、大阿闍梨の左大臣法印（厳恵）の休息所として、和泉《いずみ》前司（二階堂）行方の家が指定されたという。

八日、戊午《つちのえうま》。晴れ。申《さる》の刻に雨が降った。今日、相州（北条政村）の常盤[2]の御邸宅で和歌会が行われた。一日千首の探題《さぐりだい》[3]で、懸物[4]が用意された。亭主（政村）〔八十首〕・右大弁入道真観（藤原光俊）[5]〔百八首〕・前皇后宮大進（藤原）俊嗣[6]〔光俊朝臣の子息。五十首〕・掃部助《かもんのすけ》（安倍）範元[7]〔百首〕・証悟法師[8]・良心法師[9]以下、作者は十七人。辰《たつ》の刻に始まり、火灯し頃より前に終わった。そこで披講[10]があり、範元一人がその役を勤めた。

九日、己未《つちのとひつじ》。晴れ。昨日の千首和歌を合点[11]のために大丞禅門（真観、藤原光俊）に送られたという。

十日、庚申《かのえさる》。朝、雨が降った。千首の合点が行われた後、（北条政村の）常盤の御邸宅でまた披講された。今夜は合点の数で座次が定められた。第一座は弁入道（真観、藤原光俊）、第二は（安倍）範元、第三は亭主（北条政村）、第四は証悟であった。政村は範元の下座になるため、向かい合って着座すると言われたところ、大丞禅門（真観、藤原光俊）が言った。「合点の数によってその座次とすることは、以前に決めていたことです。そうしたところに一列の座としないのは、たいそう残念なことではないでしょうか」。その言葉が終わらないうちに、政村は座を立って、範元の下座に着かれようとした。この時に範元もまた座を立って去ろうとしたところ、(政村は)すぐに人に命じて範元を引き留められた。また合点の数にしたがって懸物を分けた。真観の分は虎の皮の上に置かれ、範元は熊の皮に、政村は色革《いろかわ》[12]に(置かれ)、以下これに準じた。合点が無かった者は、その座を縁に設けた。膳が出されたが、箸を付けなかったため、箸なしで食べた。満座で笑わない者はいなかった。範元は、去る正月、上洛のために暇《いとま》を申していたが、この御会のために内々に引き留められていた。懸物のうち、旅行の用具はすべて(範元が)拝領した。

三月小《しょう》

十日、庚寅《かのえとら》。晴れ。故右京兆[1](義―(北条義時[2]))の御願として建てられた大倉薬師堂[3]は、このところ修理を加えており、今日、供養[4](真言供養)が行われた。導師は遠江《とおとうみ》僧都公朝[5]。

十三日、癸巳《みずのとみ》。武藤少卿(景頼)が奉書を小侍所別当に遣わして言った。「(宗尊の)二所御精進は、来月二十一日より始められる。御供ならびに参籠する人々は、前回と同様に催促し、注進されるように。また鳥を食べることは、今月二十日頃より差し控えるよう、あらかじめ伝えられるように」。

十七日、丁酉《ひのととり》。最明寺禅室(道崇、北条時頼)が信濃《しなの》国深田郷[6]を買われた。今日、善光寺[7]に寄附し、不[8]断経衆・不断念仏衆[9]らの糧料に充てられた。ひたすら来世の値遇を思われてのことという。

善光寺金堂の不断経衆の結番《けちばん》について

合〔次第不同〕

定蓮房律師観西[10]　理久房阿闍梨重実[11]
蓮明房善西[12]　大弐阿闍梨覚玄[13]
理乗房実円[14]　厳光房証範[15]
厳蓮房聖尊[16]　覚地房有慈[17]
金蓮房勝賀[18]　河内公俊栄[19]
蓮浄房覚隆[20]　権別当俊範[21]

右については、番帳の記載を守って勤めるように。ただしその不断経の用途は、水田六町で、信濃国水内《みのち》郡深田郷内にある。これはすなわち、不断経衆の免田[22]である。そこで、その免田を十二等分に測り、一人あたり五段を十二人に分け与える。決して間違いがあってはならない。次にあるいは所職を譲ったり、あるいは欠員が出たりした時に、もし譲られたという証文があって望む者がいても、衆議によって能力のある者を補任するように。相伝に任せてはならず、縁のある者に配慮してもいけない。このため、推挙する時は、はじめに能力のある者を選び定め、職に補された後は、その役を怠ってはならない。ただし器量については、学識や才能は問題とせず、不断に勤行に励んでいる者を賞するように。次に過去帳にしたがって、その忌日ごとに、法華経一部を読誦するように。そこで諸衆は、これらの趣旨を守り、ひたすらに誠意を尽くし、怠ってはならないことはこの通りである。

弘長三年三月十七日　　　沙弥蓮性[23]〔花押がある〕

善光寺金堂の不断念仏衆の結番について

合〔次第不同〕

出雲《いずも》公尊海[24]　　浄仏房良祐[25]
少輔公幸源[26]　　法蔵房円西[27]
唯観房唯観[28]　　観法房栄俊[29]
式忍房幸証[30]　　尊明房琳尊[31]
讃岐《さぬき》公俊昌[32]　　豊後《ぶんご》公幸源[33]
美濃《みの》公尊覚[34]　　検校俊然[35]

右については、結番の記載を守って勤めるように。ただしその不断念仏の用途は、水田六町で、信濃国水内郡深田郷内[36]にある。これはすなわち、不断念仏衆の免田である。そこで、その免田を十二等分に測り、一人あたり五段を十二人に分け与える。決して間違いがあってはならない。次にあるいは所職を譲ったり、あるいは欠員が出たりした時に、もし譲られたという証文があって望む者がいても、衆議によって能力のある者を補任するように。相伝に任せてはならず、縁のある者に配慮してもいけない。このため、推挙する時は、はじめに能力のある者を選び定め、職に補された後は、その役を怠ってはならない。ただし器量については、学識や才能は問題とせず、不断に勤行に励んでいる者を賞するように。次に過去帳にしたがって、その忌日ごとに、一時念仏三昧を勤行するように。そこで諸衆は、これらの趣旨を守り、ひたすらに誠意を尽くし、怠ってはならないことはこの通りである。

弘長三年三月十七日　沙弥蓮性〔花押がある〕

十八日、戊戌《つちのえいぬ》。晴れ。亥《い》の刻に、[37]名越《なごえ》の辺りが焼失した。[38]山王堂がその中にあった。失火という。

二十一日、辛丑《かのとうし》。晴れ。夜になって雨が降った。今日、[39]東御方の[40]里亭について造作の審議が行われた。対馬《つしま》前司(佐々木)氏信が惣奉行となった。

四月大《だい》

一日、庚戌《かのえいぬ》。(宗尊の)二所御参詣の供奉人について、前回、承知した旨を返答した[1]散状によって催促されたという。

三日、壬子《みずのえね》。後藤壱岐《いき》前司(基政)が、二所の供奉について差し障りがあると申したという。

七日、丙辰《ひのえたつ》。晴れ。夜になって、[2]窟堂《いわやどう》の辺りが騒動した。ただしすぐに鎮まった。これは、群盗十余人が地蔵堂に潜んでおり、夜回りをしていた者らがその場に出向いて生け捕りにしたためである。

十四日、癸亥《みずのとい》。(宗尊の)二所御参詣の供奉人のうち、事情を申した者について、その審議が行われた。すなわち、

相模《さがみ》左近大夫将監《しょうげん》(北条時村)が申した。

相州(北条政村)が喪に服しているため、触穢の憚りがないわけではありません。そのため、供奉をするのはいかがなものでしょうか。

出羽《でわ》八郎左衛門尉《さえもんのじょう》(二階堂行世)が申した。

事情は同様。

近江《おうみ》三郎左衛門尉(佐々木頼重[3])が申した。

(宗尊の)御点によって承知した旨を返答した以上は、供奉すべきであるのはもちろんですが、謹慎を許されていないため、打梨《うちなし》[4](の装束)で供奉するのは、きっと憚りがあるでしょう。

以上は、小侍所からの注進を取り次いで武藤少卿景頼が披露したところ、(宗尊が)聞き届けられ、時村と行世は(供奉を免じる)お許しがあった。頼重は、供奉するようにという。また後藤壱岐《いき》前司(基政)は、きっと供奉するようにという。

十六日、乙丑《きのとうし》。晴れ。河野四郎通行[5]の子息である九郎経通[6]が小侍所の番帳に入れられたという。和泉《いずみ》前司(二階堂行方)が(宗尊の)命令を小侍所に伝えたという。東御方の小町[7]の宿所の上棟が行われた(た

だし仮の棟という」。

二十一日、庚午《かのえうま》。晴れ。将軍家（宗尊）が二所御精進始で浜出された。[8]潮垢離をされるためである。御[9]水干・御騎馬であった。公卿・殿上人もまた水干を着た。その他の供奉人らは、[10]立烏帽子に直垂《ひたたれ》。帰られる時は、いずれも浄衣を着た。行列（は以下の通り）。

（宗尊の）御馬〔徒歩《かち》の御供がいた〕

御後

土御門《つちみかど》大納言（源顕方）　近衛中将（藤原）[11]公敦朝臣《あそん》
越前《えちぜん》々司（北条時広）　民部権大輔（北条時隆）
遠江《とおとうみ》右馬助（北条清時）　武蔵《むさし》式部大夫（大仏朝房）
越後《えちご》四郎（金沢顕時）　駿河《するが》五郎（北条通時）
畠山上野《こうずけ》三郎（国氏）　佐々木壱岐《いき》前司（泰綱）
中務権少輔（藤原重教）　平岡左衛門尉《さえもんのじょう》[12]（実俊）
女医博士（丹波《たんば》）[13]長宣朝臣　陰陽少允《おんみょうのしょうじょう》（安倍）[14]晴弘
武蔵《むさし》守（北条長時）　相模《さがみ》四郎（北条宗政）

二人（長時・宗政）の後騎が雲霞のように並んだ

二十三日、壬申《みずのえさる》。晴れ。（宗尊の）御浜出は一昨日と同様。これは、[15]中の潮垢離である。

二十四日、癸酉《みずのととり》。筑前《ちくぜん》入道（行善、二階堂行泰[16]）の宿所が指定された。これは、来たる四月一日からの御祈禱の大阿闍梨である松殿僧正[17]（良基）の居所とするためである。

二十六日、乙亥《きのとい》。雨が降った。将軍家（宗尊）が二所に出発された。

騎馬

土御門《つちみかど》大納言（源顕方）　近衛中将（藤原）公敦朝臣《あそん》

武蔵《むさし》守（北条）長時　相模《さがみ》四郎（北条）宗政

〔御敷皮役〕越前《えちぜん》々司（北条）時広　遠江《とおとうみ》右馬助（北条）清時

同四郎（北条）政房　民部権大輔（北条）時隆

武蔵式部大夫（大仏《おさらぎ》）朝房　越後《えちご》四郎（金沢）顕時

駿河《するが》五郎（北条）通時　中務権少輔（藤原）重教

武藤少卿景頼　佐々木壱岐《いき》前司泰綱

木工権頭《もくのごんのかみ》（藤原）親家　後藤壱岐前司基政

畠山上野《こうずけ》三郎国氏　美作《みまさか》左衛門蔵人（藤原）[18]家教

女医博士（丹波《たんば》）長宣朝臣　陰陽少允《おんみょうのしょうじょう》（安倍）晴弘

歩行《かち》

伊賀《いが》四郎左衛門尉《さえもんのじょう》（小田）景家　土肥四郎左衛門尉実綱[19]

上野三郎左衛門尉（結城）重義
近江《おうみ》三郎左衛門尉（佐々木）頼重
足立左衛門五郎遠時
平賀三郎左衛門尉惟時
小河左近将監《しょうげん》（佐弘）[23]
隠岐《おき》四郎左衛門尉（二階堂）行長[20]
周防《すおう》七郎（島津）定賢
内藤肥後六郎左衛門尉時景
小河木工[21]左衛門尉時仲[22]

五月小《しょう》

一日、庚辰《かのえたつ》。晴れ。将軍家（宗尊）が二所より（鎌倉に）帰られた。そうしたところ、今日、鎌倉の御所は浜部崎[1]より太白[2]の方角に当たっていた。憚られるべきではないかと取り沙汰されたが、やはり帰られたという。

九日、戊子《つちのえね》。晴れ。掃部助《かもんのすけ》（安倍）範元が京都より（鎌倉に）帰った。天文密奏の望みをかなえたという。祖父の大監物（安倍）宣賢[3]朝臣《あそん》は、長年、望みを言い出さなかったが、八十四歳になった今、孫が天文道に優れているのを見て、家業を継がせるため、頻りに内々に推挙したという。今は（天文密奏の）人数が多く、欠員はなかったが、（安倍）宗明[4]朝臣の子孫がいないのは気の毒であると、特に審議があり、宣下されたという。蔵人右衛門権佐（藤原）経業[5]が奉行したという。

十七日、丙申《ひのえさる》。晴れ。鷺が左典厩《さてんきゅう》（北条時宗）の御邸宅に集まり、しばらくして永福寺[6]《ようふくじ》の山に向かって飛び去った。卜筮が行われたところ、(惟宗《これむね》)[7]文元・(安倍)[8]晴茂・(安倍)[9]晴宗・(安倍)[10]泰房・(安倍)[11]頼房らは、口論の前兆であると占い申した。この時、武田七郎次郎([12]時隆)がその鷺を追いかけ、射殺して持参した。夜になって、鷺の怪異により[13]泰山府君《たいざんぶくん》祭・[14]百怪祭・[15]白鷺祭などが行われたという。

十九日、戊戌《つちのえいぬ》。晴れ。丑《うし》の刻に地震があった。

二十九日、戊申《つちのえさる》。来月一日からの御祈禱の大阿闍梨である松殿法印(良基)の休息所について、今回は前尾州(名越《なごえ》時章)の邸宅とされていたが、先日、失火があったため、[16]肥前《ひぜん》四郎左衛門尉《さえもんのじょう》の邸宅が指定されたという。

六月大《だい》

二日、庚戌《かのえいぬ》。晴れ。東御方の小町の邸宅の柱立が行われた。去る四月十六日に仮の上棟を行い、今日、梁・棟を上げた。

　また、壱岐《いき》前司(後藤)基政・[1]丹後《たんご》守(安達)[2]頼景が在京するために上洛した。

十三日、辛酉《かのととり》。駿河《するが》六郎([3]北条有義)が死去した。相州(北条政村)・左典厩《さてんきゅう》(北条時宗)らが御[4]軽服《きょうぶく》となった。

十七日、乙丑《きのとうし》。曇り。昨日から寒くなり秋のようで、人々は[5]綿衣を着た。

二十三日、辛未《かのとひつじ》。将軍家(宗尊)の御上洛について、その審議が行われた。課役を諸国に充てられた。

御教書[6]の文章はみな同じである。西国の事は六波羅[7]に命じられたという。御教書は以下の通り。
（宗尊の）御上洛の間の百姓らの所役については、段別百文、五町別に公用の馬一頭・人夫二人を課すように（畠については、二町を田一町に準じる）。この他に、民を煩わせてはならない。ただし逃散した者がいれば、在所に伝えてその役を勤めさせるよう、仰せによりこの通り伝える。

弘長三年六月二十三日　　武蔵《むさし》守（北条長時）
相模《さがみ》守（北条政村）
陸奥《むつ》左近大夫将監《しょうげん》（北条時茂[8]）殿

二十五日、癸酉《みずのととり》。晴れ。巳《み》の刻に、将軍家（宗尊）が百首御詠を終えられた。昨日の未《ひつじ》の刻に始められ、そのまま（宗尊の）御前で清書した。掃部助《かもんのすけ》（安倍）範元が祇候した。

二十六日、甲戌《きのえいぬ》。来たる八月の（鶴岡八幡宮の）放生会《ほうじょうえ》[9]で（宗尊が）参宮される際の供奉人の惣人数記を、（宗尊の）御点を申請するため、小侍所から和泉《いずみ》前司（二階堂）行方に託されたという。越中《えっちゅう》判官（宇都宮）時業は、惣人数記の中に記されていたところ、病気と称して帰国の暇《いとま》を申したという。

今日、御所で『帝範』[10]の御談義が行われ、右京権大夫（藤原）茂範[11]朝臣《あそん》・三河《みかわ》前司（清原）教隆[12]らが祇候した。また、近衛中将（藤原）公敦朝臣・越前《えちぜん》々司（北条）時広が参ったという。

二十八日、丙子《ひのえね》。（鶴岡八幡宮の）放生会《ほうじょうえ》で（宗尊が）参宮される際の供奉人の散状に（宗尊が）御点を加えた。左の点は布衣《ほい》、右は随兵、左の点の端は直垂《ひたたれ》着という。小侍所に下されたため、（工藤）光泰・（平岡)実俊らが廻覧したという。

二十九日、丁丑《ひのとうし》。晴れ。(東御方の)小町の御邸宅の門に仮の棟を上げた。

三十日、戊寅《つちのえとら》。晴れ。去る二十五日の(宗尊の百首)御詠を、右大弁入道(真観、藤原光俊)が御前で拝見し、合点を加え奉った。そうしたところ、去年の一日百首御歌に勝っていると点者(光俊)は申したが、これは(宗尊の)お考えとは異なっており、去年の御詠がやはりよいと(宗尊は)思われたという。

七月小《しょう》

五日、癸未《みずのとひつじ》。晴れ。将軍家(宗尊)の今年の御詠歌数巻の中から三百六十首を抄出し、清書された。これは、合点のために入道民部卿(藤原)為家卿[1]に遣わされるという。今日、和泉《いずみ》前司(二階堂)行方の孫が死去したため、縫殿頭《ぬいのかみ》(中原)師連が御所中の雑事を奉行するようにという。

十日、戊子《つちのえね》。小雨が降った。(東御方の)御所の門(棟門)を立てられた。

今日、前浜で風伯祭[2]が行われ、前大監物(安倍)宣賢朝臣《あそん》が奉仕した。

十三日、辛卯《かのとう》。東御方が小町の新造の邸宅に移られたという。

今日、(鶴岡放生会《ほうじょうえ》の)供奉人について、条々の審議が行われた。その中で、越中《えっちゅう》判官(宇都宮)時業が病気であると申していた。これは、大した病気ではなかったが、先日、暇《いとま》を申請した時、(宗尊は)そのことを知らずに許されたものの、いつも祗候している以上は、差し障りを申すのはよくないとの審議があった。（そこで供奉人に）催促されたところ、すでに帰国したという。速やかに御教書を遣わすようにという。

この他の人々

布衣《ほい》

足立三郎左衛門尉（元氏）[3]〔在国〕

随兵

足利上総《かずさ》三郎（満氏）[4]〔病気で服薬中〕　三浦介（頼盛）[5]

阿波《あわ》四郎左衛門尉《さえもんのじょう》（薬師寺政氏）[6]　城四郎左衛門尉（安達時盛）

隠岐《おき》四郎兵衛尉《ひょうえのじょう》（二階堂行長）　常陸《ひたち》修理亮《しゅりのすけ》（小田重継）[7]

淡路《あわじ》四郎左衛門尉（長沼宗長）[8]〔灸〕　風早太郎左衛門尉（常康）[9]

以上の八人は、病気であると申した。

駿河《するが》五郎（北条通時）〔喪に服している〕　遠江《とおとうみ》十郎左衛門尉（三浦頼連）[10]〔同様〕

八月十五日まで、[11]重服《じゅうぶく》であると申している。

小田左衛門尉（時知）[12]

[13]鹿島社造営の惣奉行である。供奉は大切ではあるが、他の神社の事に奔走するのは、鹿島社の神事をおろそかにしているようで、どうしたものかという。

阿曽沼小次郎（光綱）[14]

落馬した後、体が思うように動かない。子息五郎（景綱）[15]に勤めさせるのはどうかと申している。

伯耆四郎左衛門尉（葛西光清）[16]

病気が重く、子息五郎清氏[17]に勤めさせるのはどうかと申している。

江戸七郎太郎（長光）[18]

老いと病気とが重なり、今となっては甲冑を身につけて勤めるのは難しいと申している。

足立太郎左衛門尉（直元）

（宗尊の）御上洛の供奉か京都大番役[19]の二つの役のうち、一つを免除するお許しがあれば、速やかに（鶴岡放生会《ほうじょうえ》の供奉に）参ると申している。

直垂《ひたたれ》着

佐々木対馬《つしま》太郎左衛門尉（頼氏）[20]　　同壱岐《いき》三郎左衛門尉（頼綱）

平賀三郎左衛門尉（惟時）

以上の三人は、憚りがあると申している。

佐々木対馬四郎（宗綱）〔病気〕　　遠江五郎左衛門尉（三浦光時）[21]

〔病気のため灸を据えた上に、鹿食《ししくい》をしたと申している〕

出羽《でわ》七郎左衛門尉（二階堂行頼[22]）　大須賀六郎左衛門尉（為信[23]）
信濃《しなの》判官次郎左衛門尉（二階堂行宗）〔病気。鹿食〕
以上の三人は、鹿食をしたと申している。
鎌田三郎左衛門尉（義長[24]）
大番役を勤め終え、最近（鎌倉に）帰ったため、（鶴岡放生会の供奉は）難しいと申している。
官人
佐渡《さど》大夫判官（後藤基隆）
現在病気で、もし少し快復すれば参ると申している。
信濃判官（佐々木時清）〔服暇〕

十六日、甲午《きのえうま》。曇り。右大弁入道真観（藤原光俊）が京に帰った。相州（北条政村）以下の人々が餞別を送ったという。

十七日、乙未《きのとひつじ》。曇り。日蝕は正現しなかった。天文道[25]・宿曜《すくよう》道[26]らが相論したという。

十八日、丙申《ひのえさる》。晴れ。将軍家（宗尊）が『帝範』の談義を終えられた。

二十日、戊戌《つちのえいぬ》。越中《えっちゅう》判官（宇都宮時業）の（鶴岡八幡宮の）放生会《ほうじょうえ》の供奉について、御教書が遣わされたため、（時業は）承知した旨の請文[27]を提出したという。

二十三日、庚子《かのえね》（辛丑）。晴れ。将軍家（宗尊）が、五百首の御詠歌を前右兵衛督（飛鳥井）教定[28]卿に託して、合点のために入道民部卿(融覚、藤原為家)のもとに遣わされた。(安倍)範元が清書した。

二十七日、甲辰《きのえたつ》(乙巳)。(鶴岡八幡宮の)放生会《ほうじょうえ》の随兵は、さらに十人を催促して加えるよう(宗尊が)命じられたという。

二十九日、丁未《ひのとひつじ》。雨が降った。将軍家(宗尊)の御和歌から、建長五年より正嘉元年までの分を選んで編纂された。これを『初心愚草』[29]と名付けたという。

八月大《だい》

一日、戊申《つちのえさる》。晴れ。御所で五首の和歌題を人々に与えられた。一条少将(飛鳥井)雅有朝臣《あそん》が奉行した。

四日、辛亥《かのとい》。(鶴岡八幡宮の)放生会《ほうじょうえ》の供奉人の中で、鹿食《ししくい》の憚りがあるため差し障りがあると申した者たちについて、厳しい禁制に背いたのはけしからんと、特に(宗尊が)仰ったところ、それぞれ謝罪した。すなわち、

[1]遠江《とおとうみ》五郎左衛門尉《さえもんのじょう》(三浦光時)

鹿食の禁止を承知していなかった上に、病気を治すために食べたと申した。

大須賀六郎左衛門尉(為信)

病気がよくなかったところ、鹿食がよいと医師が申したため、たちまち御禁制を忘れてしまったと申した。

信濃《しなの》次郎左衛門尉(二階堂行宗)

　先月の上旬頃、ある会の席で、他の物と取り違えて誤って鹿《しし》を食べてしまったと申した。

六日、癸丑《みずのとうし》。雨が降った。将軍家(宗尊)が七首の和歌を(詠むよう)人々に勧めた。これは、素暹法師[2]が死去した後、夢のお告げがあり、黄泉で苦しんでいるのではないかと(宗尊が)驚かれ、滅罪を計らわれるため、その懐紙[3]の裏に経典を書写されるという。(宗尊の)御詠は、左《さ》衛門尉《えもんのじょう》[4]行長という名前を用いられた。また広御所[5]で『臣軌』[6]の談義が行われた。弾正少弼(北条業時)・越前《えちぜん》々司(北条時広)・掃部助《かもんのすけ》(安倍)範元らが御前に祗候した。

七日、甲寅《きのえとら》。晴れ。御所で五十首の歌合が行われた。衆議判という。

八日、乙卯《きのとう》。(鶴岡八幡宮の)放生会《ほうじょうえ》の供奉人などについて、条々の審議が行われた。随兵は、以前に承知した旨を返答していた者の中で、河越《かわごえ》次郎[7]経重は差し障りがあると申した。また後日、重ねて命じられた者の中で、佐渡《さど》太郎左《さ》衛門尉《えもんのじょう》(後藤基秀[8])が鹿食《ししくい》をしたと申した。この他、事情がある催促された人々(は以下の通り)。

尾張《おわり》前司(名越《なごえ》時章)　秋田城介(安達泰盛)

　それぞれ病気と申している。

陸奥《むつ》左近大夫将監《しょうげん》(北条義宗)　伊勢《いせ》次郎左衛門尉(二階堂行経)

　それぞれ憚りがあると申している。

常陸《ひたち》次郎左衛門尉〔二階堂行清〕〔服暇〕
宮内権大輔〔長井時秀〕[9]〔病気がよくないため、鹿食の暇《いとま》を賜ったと申している〕
足立三郎左衛門尉〔元氏〕〔鹿食〕
佐々木壱岐《いき》前司〔泰綱〕[10]〔暇を賜り、上洛したと申している〕
新田三河《みかわ》前司〔頼氏〕
小山出羽《でわ》前司〔長村〕
[11]上野《こうずけ》前司
〔宇都宮〕石見《いわみ》前司〔宗朝〕
同[12]六郎左衛門尉
長門《ながと》前司〔笠間時朝〕
筑前《ちくぜん》三郎左衛門尉〔二階堂行実〕
和泉《いずみ》三郎左衛門尉〔二階堂行章〕[13]
小野寺四郎左衛門尉〔通時〕
田中右衛門尉〔知継〕[14]
伊豆《いず》太郎左衛門尉〔加藤実保〕[15]
[16]大見肥後《ひご》次郎左衛門尉
和泉六郎左衛門尉〔天野景村〕
鎌田図書左衛門尉〔信俊〕[17]
周防《すおう》四郎左衛門尉〔塩谷泰朝〕[18]
鎌田次郎左衛門尉〔行俊〕[19]

以上十六人〔在国〕

審議があって命じられた条々の事

布衣《ほい》

秋田城介〔安達泰盛〕

病気というのは、初めに散状を廻した頃のことであろう。現在出仕している以上は、速やかに催促するように。

鎌田図書左衛門尉（信俊）　同次郎左衛門尉（行俊）

すでに京都から（鎌倉に）下向しているという。速やかに催促して加えるように。

随兵

阿曽沼小次郎（光綱）

自身に差し障りがあり、子息（景綱）に勤めさせるのは、何の問題があろうか。

上野太郎左衛門尉（梶原景綱）[20]

軽服《きょうぶく》という。どういうことか、尋ねるように。

直垂《ひたたれ》着

鎌田三郎左衛門尉（義長）

以前に差し障りがあると申した時は、（最近）京都から下向したため（鶴岡放生会の供奉は）難しいとのことであった。申す内容が、たいそう勝手である。速やかに重ねて催促するように。

隠岐《おき》四郎兵衛尉《ひょうえのじょう》（二階堂行長）

以前に随兵に加えたところ、差し障りがあるという。直垂着の散状に書き入れて、さらに催促するように。

信濃《しなの》次郎左衛門尉(二階堂行宗)

　以前の(鹿食の)差し障りは終っている。随兵として催促するように。

対馬《つしま》四郎(佐々木宗綱)

　差し障りというのはどういうことか。重ねて催促するように。

　　追加で催促した者たちの事

随兵

城六郎兵衛尉(安達顕盛)　加藤左衛門尉(景経)

　それぞれ、承知した旨を返答した。

下野《しもつけ》四郎(宇都宮景綱)　長門三郎左衛門尉(笠間朝景)

　それぞれ病気であると請文に記して言上した。

小野寺新左衛門尉(道継)

　遠江《とおとうみ》国にいるということで、留守の者から御教書を返上してきた。

直垂着

薩摩《さつま》左衛門尉(安積《あさか》[21]祐家)　善太右衛門尉(一宮[22]康長)

出羽十郎(二階堂[23]行朝)　山内《やまのうち》三郎左衛門尉[24](通廉)

荻原右衛門尉(定仲)[25]　　長雅楽《うた》左衛門尉(朝連)[26]

以上の六人は、承知した旨を返答した。

大須賀五郎左衛門尉(信泰)[27]〔病気であると申した〕

九日、丙辰《ひのえたつ》。晴れ。御歌合。衆議判。終ってから御連歌が行われた。

今日、左近大夫将監《しょうげん》(北条)[28]義政朝臣《あそん》が名越《なごえ》の邸宅に移った。また将軍家(宗尊)の御上洛について、審議が行われた。来たる十月三日に御出発が決定しているため、道中の供奉人以下の事について定められた。供奉人記は、縫殿頭《ぬいのかみ》(中原)師連が御所に持参し、(安倍)範元を御前に召して清書された。これは、京都に送られるためである。

随兵

相模《さがみ》三郎(北条)時輔　　武蔵《むさし》前司(大仏《おさらぎ》朝直)の子息一人
越前《えちぜん》々司(北条)時広　　中務権大輔(名越)教時
左近大夫将監(北条)時村　　越後《えちご》四郎(金沢)顕時
左近大夫将監(名越)公時　　右馬助(北条)清時
足利上総《かずさ》三郎満氏　　上野《こうずけ》介広綱[29]
梶原太郎左衛門尉《さえもんのじょう》景綱　　伊豆《いず》太郎左衛門尉(加藤)実保
対馬《つしま》前司(佐々木)氏信　　薩摩《さつま》七郎左衛門尉(安積《あさか》)祐能

周防《すおう》五郎左衛門尉(島津)忠景
風早太郎左衛門尉常康[30]
小田左衛門尉時知
色部右衛門尉《うえもんのじょう》(公長)[32]
和泉《いずみ》三郎左衛門尉(二階堂)行章
伊勢《いせ》次郎左衛門尉(二階堂)行経
遠江十郎左衛門尉(三浦)頼連
武田五郎三郎政直[36]
足立太郎左衛門尉直元
河越《かわごえ》次郎経重
狩野新左衛門尉[38]
加藤左衛門尉景経
海上弥次郎胤景[39]
土肥四郎左衛門尉実綱
隠岐《おき》四郎兵衛尉(二階堂)行長
進三郎左衛門尉宗長[42]

常陸《ひたち》左衛門尉(二階堂)行清
三浦介頼盛
大多和左衛門尉義清[31]
加地《かじ》七郎左衛門尉氏綱[33]
遠江《とおとうみ》三郎左衛門尉(三浦)泰盛
出羽《でわ》弥藤次左衛門尉(中条)頼平[34]
宍戸壱岐《いき》次郎左衛門尉家氏[35]
阿曽沼小次郎光綱
同三郎右衛門尉元氏
長次郎右衛門尉義連[37]
加賀《かが》前司(二階堂)行頼
下野《しもつけ》四郎左衛門尉(宇都宮)景綱
武石三郎左衛門尉朝胤[40]
淡路《あわじ》又四郎左衛門尉(長沼)宗泰[41]
常陸修理亮《しゅりのすけ》(小田重継)
佐々木壱岐三郎左衛門尉頼綱

善太郎左衛門尉(一宮)[43]康定
出羽入道(道空、二階堂行義)の子息一人
同七郎左衛門尉(天野)景経
出羽三郎右衛門尉(二階堂[45]行資)
相馬孫五郎左衛門尉[47]胤村
長江四郎左衛門尉[48](景秀)
出羽前司(小山長村)の子息一人
式部太郎左衛門尉(伊賀《いが》)[50]光政
善五郎左衛門尉(一宮)[52]康家
周防四郎左衛門尉(塩谷)泰朝
小野寺小次郎左衛門尉[53](通業)
武藤左衛門尉[54]頼泰
大見肥後四郎左衛門尉行定
小笠原六郎[57](時長)の子息一人
狩野四郎左衛門尉景茂
長江七郎[59](景朝)

小野寺四郎左衛門尉通時
和泉六郎左衛門尉(天野)景村
一宮次郎左衛門尉[44]康有
肥後《ひご》新左衛門尉(天野)[46]景茂
田中右衛門尉知継
[49]石見《いわみ》次郎左衛門尉
長門《ながと》三郎左衛門尉(笠間)朝景
中条出羽四郎左衛門尉[51](光家)
信濃《しなの》次郎左衛門尉(二階堂)行宗
平賀三郎左衛門尉惟時
内藤肥後六郎左衛門尉(時景)
[55]内藤豊後《ぶんご》三郎左衛門尉
武田六郎[56](信長)の子息一人
土屋新三郎左衛門尉[58](光時)
筑後《ちくご》伊賀四郎左衛門尉(小田)景家
足立藤内左衛門三郎[60](政遠)

遠山六郎[61]　　天野肥後三郎左衛門尉

氏家左衛門尉(経朝[62])　　宍戸壱岐左衛門太郎(家宗[63])

善太左衛門尉(一宮康長)　　近江《とおとうみ》三郎左衛門尉(佐々木)頼重

[64]阿波《あわ》入道の子息一人　　伊賀次郎左衛門尉光房[65]

平左衛門入道(盛阿、盛綱[66])の子息一人

水干を着る人々

相州(北条政村)　　武州(北条長時)

武蔵前司(大仏)朝直　　尾張《おわり》前司(名越)時章

越後守(金沢)実時[67]　　足利大夫判官家氏

弾正少弼(北条)業時　　佐々木壱岐前司泰綱

長門前司(笠間)時朝　　武藤少卿景頼

佐渡《さど》大夫判官(後藤)基隆　　越中《えっちゅう》判官(宇都宮)時業

信濃判官(佐々木)時清　　和泉前司(二階堂)行方

御道中の間の様々な奉行人の事

一、御出奉行

和泉前司(二階堂)行方　　武藤少卿景頼

一、御物具[68]
対馬前司(佐々木)氏信　武藤少卿(景頼)
土肥四郎左衛門尉実綱
一、御中持[69]
木工《もく》権頭《のごんのかみ》(藤原)親家　進三郎左衛門尉宗長
長次郎左衛門尉義連
一、御宿の事
和泉前司(二階堂)行方　備中《びっちゅう》守(二階堂)行有
式部太郎左衛門尉(伊賀)光政
一、御厩
薩摩七郎左衛門尉(安積)祐能
一、御笠
加藤左衛門尉景経　狩野四郎左衛門尉景茂
一、御床子[70]・御敷皮
信濃次郎左衛門尉(二階堂)行経
一、掃部所[71]

伊豆太郎左衛門尉(加藤)実保
一、護持僧[72]
一、医道・陰陽《おんみょう》道
以上の二ヵ条は和泉前司(二階堂行方)
一、進物所
壱岐三郎左衛門尉(佐々木)頼綱
一、釜殿[73]
梶原太郎左衛門尉景綱
一、砂金と紫染衣[74]
和泉前司(二階堂行方)
式部太郎左衛門尉(伊賀)光政
一、紺染衣[75]
武藤少卿(景頼)
伊勢次郎左衛門尉(二階堂)行経
一、恪勤の侍[76]
小野沢左近大夫入道光連(仲実)[77]
一、御中間[78]
信濃判官(佐々木)時清

一、御力者《りきしゃ》[79]

佐渡大夫判官（後藤）基隆

一、朝夕雑色《ちょうじゃくぞうしき》[80]

小侍所

一、小舎人[81]

侍所

一、国雑色[82]

加賀前司（二階堂）行頼

一、御乗替の馬の事

長門前司（笠間）時朝　　越中判官（宇都宮）時業

小野寺四郎左衛門尉通時　　和泉六郎左衛門尉（天野）景村

善五郎左衛門尉（一宮）康家　　武石三郎左衛門尉朝胤

阿曽沼小次郎光綱

十日、丁巳《ひのとみ》。（宗尊の）御上洛に関わる進物所以下の費用について、今日その審議が行われた。来たる十月の御上洛より前に京都に進めるよう、畿内・西国などに命じられたという。その御教書が守護人らに下されたという。

十一日、戊午《つちのえうま》。雨が降った。申《さる》の刻以後、晴れた。廂[83]御所で御連歌五十韻[84]。掃部助《かもんのすけ》(安倍)範元〔五句〕が執筆を勤めた。

前右兵衛督(飛鳥井)教定〔五句〕　中務権少輔(藤原)重教朝臣《あそん》〔一句〕
侍従(飛鳥井)基長〔三句〕　遠江《とおとうみ》前司(大仏《おさらぎ》)時直〔五句〕
右馬権助(北条)清時〔四句〕　河内《かわち》前司(源)親行[85]〔七句〕
武蔵《むさし》五郎(大仏)時忠〔四句〕　加賀《かが》入道親願(佐分利親清[86])〔一句〕
左衛門尉《さえもんのじょう》(二階堂)行佐[87]〔二句〕　左衛門尉(鎌田)行俊〔一句〕
左衛門尉(島津)忠景〔四句〕　(宗尊の)御句〔八句〕

という。

十二日、己未《つちのとひつじ》。小雨が常に降っていた。昨夜の御連歌に、大夫判官(後藤)基隆が(宗尊の)命令を承って合点を加えたという。

十三日、庚申《かのえさる》。(鶴岡八幡宮の)放生会《ほうじょうえ》の供奉人について、承知した旨を返答した散状を整えられた。その中で、差し障りがあるため重ねて催促された者は、ある者は承知し、ある者はやはり事情を申した。差し障りを申している者は、以前の者も以後の者も全て許されたという。すなわち、

随兵
信濃《しなの》次郎左衛門尉《さえもんのじょう》(二階堂行宗)

以前に直垂《ひたたれ》の人員の時は辞退し、今回の随兵の催促は承知したという。

上野《こうずけ》太郎左衛門尉（梶原景綱）

祖母が他界し、まだそれほど日が経っていないと申した。

直垂着

対馬《つしま》四郎（佐々木宗綱）

差し障りの趣旨は、前に同じ。

官人

足利大夫判官（家氏）

承知の旨を返答した。

信濃判官（佐々木時清）

軽服《きょうぶく》の日数は過ぎ、承知の旨を返答した。

越中《えっちゅう》判官（宇都宮時業）

以前には承知した旨の請文を提出しながら、やはり病気と申した。

十四日、辛酉《かのとのとり》。朝から曇り。雨が降り、雷が数度鳴った。南風が激しく、雨足はさらに強まった。午《うま》の刻に大風。木が倒され、民家にはほとんど無事な所がなかった。御所の西侍[88]が倒壊した。棟・梁・桁などが吹き飛んだ。また由比浜に着岸していた船数十艘が破損し沈んだ。

今日の夕方、御息所(藤原宰子)の供奉人について、承知した旨を返答した総人数の中から、(宗尊が)御点を下されたという。これは(鶴岡八幡宮の)放生会《ほうじょうえ》に(宰子が)参詣されるためである。

子《ね》の刻に、前太宰少弐正五位下藤原朝臣《あそん》(狩野)為佐法師[89](法名は蓮佐[90])が死去した(年は八十三歳)。

十五日、壬戌《みずのえいぬ》。晴れ。鶴岡(八幡宮の)放生会《ほうじょうえ》。将軍家(宗尊)のお出かけはいつも通り。相州(北条政村)・武州(北条長時)・左典厩《さてんきゅう》(北条時宗)らが廻廊に祗候された。また、弾正少弼(北条)業時・相模《さがみ》三郎(北条)時輔・越後《えちご》四郎(金沢)顕時らが御桟敷に参ったという。まず中御所(藤原宰子)が出かけられた。

供奉人

備中《びっちゅう》次郎兵衛尉《ひょうえのじょう》(二階堂)行藤[91]　佐々木壱岐《いき》四郎左《さ》衛門尉《えもんのじょう》長綱

越中《えっちゅう》八郎(宇都宮)秀頼[92]　大泉九郎長氏

荻原右《う》衛門尉《えもんのじょう》定仲　長雅楽《うた》左衛門三郎政連[93]

以上の六人は直垂《ひたたれ》を着て帯剣し、御車の左右に祗候した

御後十人(布衣《ほい》。下括《げくくり》)

越前《えちぜん》々司(北条)時広　刑部少輔(名越《なごえ》)時基

中務権少輔(藤原)重教　日向《ひゅうが》前司(宇佐美)祐泰

縫殿頭《ぬいのかみ》(中原)師連　遠江《とおとうみ》四郎(北条)政房

加賀《かが》前司(二階堂)行頼　長次右衛門尉義連

佐々木孫四郎左衛門尉泰信　　加地《かじ》七郎左衛門尉氏綱

次に将軍家（宗尊）が出かけられた。供奉人（は以下の通り）。

先陣の随兵十一人

壱岐三郎左衛門尉（佐々木）頼綱　　加藤左衛門尉景経

筑前《ちくぜん》四郎左衛門尉（二階堂）行佐　　武藤左衛門尉頼泰

伊東八郎左衛門尉祐光　　伊勢《いせ》次郎左衛門尉（二階堂）行経

出羽《でわ》三郎左衛門尉（二階堂）行資　　武蔵《むさし》五郎（大仏《おさらぎ》）[94]宣時

城六郎兵衛尉（安達）顕盛　　相模七郎（北条）宗頼

陸奥《むつ》十郎（北条）忠時

次に諸[95]大夫

次に殿上人

次に公卿

次に（宗尊の）御牛車《ぎっしゃ》

越中次郎左衛門尉（宇都宮）長員　　土肥四郎左衛門尉実綱

隠岐《おき》四郎兵衛尉（二階堂）行長　　武石新左衛門尉長胤

出羽十郎（二階堂）行朝　　近江《おうみ》三郎左衛門尉（佐々木）頼重

一宮次郎左衛門尉康有
山内《やまのうち》三郎左衛門尉通廉
善太郎右衛門尉(一宮)康定
鎌田三郎左衛門尉義長
薩摩《さつま》左衛門尉《さえもんのじょう》(安積《あさか》)祐家
伊東六郎左衛門三郎(祐家)[96]

以上の十二人は、直垂を着て帯剣し、御牛車の左右に祇候した

次に御後十五人〔布衣。下括〕

弾正少弼(北条)業時
相模四郎(北条)宗政
相模左近大夫将監(北条)時村
遠江右馬助(北条)清時
相模三郎(北条)時輔
越後四郎(金沢)顕時
木工権頭《もくのごんのかみ》(藤原)親家
和泉《いずみ》前司(二階堂)行方
越中前司(宇都宮)頼業[97]
対馬《つしま》前司(佐々木)氏信
備中守(二階堂)行有
周防《すおう》五郎左衛門尉(島津)忠景
〔御沓《くつ》の手長《てなが》〕鎌田次郎左衛門尉行俊
〔御笠の手長〕進三郎左衛門尉宗長
善五郎左衛門尉(一宮)康家

次に後陣の随兵十人

佐介越後四郎(北条)時治[98]
畠山上野《こうずけ》三郎国氏
大須賀新左衛門尉朝氏
越中五郎左衛門尉(宇都宮)泰親[99]

平賀三郎左衛門尉惟時　　伯耆《ほうき》左衛門五郎(葛西)清氏
佐々木対馬太郎左衛門尉頼氏　　信濃《しなの》判官次郎左衛門尉(二階堂)行宗
遠山孫太郎左衛門尉[100]景長　　長江左衛門八郎[101]頼秀
官人
〔十五日中に病気とのことで退出し、十六日は参上しなかった〕
足利大夫判官家氏　　信濃判官(佐々木)時清

十六日、癸亥《みずのとい》。天気は快晴。(宗尊の)御参宮は昨日と同様。
[102]競馬の禄を渡した人々
越前《えちぜん》々司(北条)時広　　相模《さがみ》左近大夫将監《しょうげん》(北条)時村
相模三郎(北条)時輔　　刑部少輔(名越)時基
遠江《とおとうみ》右馬助(北条)清時　　同四郎(北条)政房
越後《えちご》四郎(金沢)顕時

二十五日、壬申《みずのえさる》。晴れ。(宗尊の)御上洛は、大風によって諸国の作物が損亡しており、疲弊した人々の煩いを軽くするために延期された。そこで今日、その旨を六波羅に命じられ、御教書二通が遣わされた。一通は京畿の御家人に伝える事、もう一通は[103]左親衛(北条時茂)の分国の者に知らせる事である。その文書は以下の通り。

(宗尊の)御上洛は、大風により延期されると命じられた。それについては、(正式に)御使者を進められるが、まずはその旨を御家人らに伝えられるよう、仰せによりこの通り伝える。

弘長三年八月二十五日　武蔵《むさし》守(北条長時)
相模《さがみ》守(北条政村)
陸奥《むつ》左近大夫将監《しょうげん》(北条時茂)殿

来たる十月の(宗尊の)御上洛は延期された。とりあえず京上役をすでに納めた諸所については、百姓に返すように。早くこの趣を摂津・若狭の国内に命じられるよう、仰せによりこの通り伝える。

弘長三年八月二十五日　武蔵守(北条長時)
相模守(北条政村)
陸奥左近大夫将監(北条時茂)殿

今日、春日部左衛門三郎泰実[104]が美濃《みの》国[105]指深《いぶか》庄の地頭職を没収された。これは、指深庄の沙汰人[106]が地頭に非法があると訴えたため、六波羅が召文を下したものの、泰実はこれに応じなかった。そこで(六波羅が)その旨を注進したため、この処置となった。すぐに(六波羅の)陸奥左近大夫将監(北条時茂)のもとに命じられた。

また、法印房源[107]・権律師覚乗[108]らが、相州禅室（道崇、北条時頼）の御邸宅で大般若経[109]を真読[110]した。（時頼の）御病気のためである。

亥《い》の刻に甘縄《あまなわ》[111]で火事があった。北斗堂[112]の辺りの民家が多く被災したという。

二十六日、癸酉《みずのととり》。曇り。去る十四日の大風により諸国が損亡し、百姓が歎いている。その撫民として、将軍家（宗尊）の御上洛が延期されたため、遠江《とおとうみ》十郎左衛門尉《さえもんのじょう》（三浦）頼連を御使者として、このことを仙洞[113]（後嵯峨）に申されたという。

二十七日、甲戌《きのえいぬ》。晴れ。申《さる》の刻以後、風雨。夜になって大風。由比浦の船が沈没し、死人が岸に打ち寄せられた。いずれも数え切れないほどであった。また鎮西[114]の年貢を運ぶ船六十一艘が、伊豆《いず》の海で同じ時に沈んだという。

九月大《だい》

三日、庚辰《かのえたつ》。晴れ。午《うま》の刻に、従五位上行《ぎょう》[1]刑部権少輔大江朝臣《あそん》（那波）政茂が死去した〔年は[2]　歳〕。

十日、丁亥《ひのとい》。切銭[3]について、その審議が行われた。近年多く用いられているとの風聞がある。今後は、切銭を用いることを禁止する。この旨を承知し、広く下知するよう、左典厩《さてんきゅう》（北条時宗）らに命じられたという。その文書は以下の通り。

切銭の事

右については、近年多く用いられているとの風聞がある。今後は、切銭を用いることは禁止する。この旨を承知し、広く下知するよう、仰せによりこの通り伝える。

弘長三年九月十日　　武蔵《むさし》守(北条長時)
相模《さがみ》守(北条政村)

加賀《かが》前司(二階堂行頼)殿

十二日、己丑《つちのとうし》。一晩中、雨が激しかった。戌《いぬ》の刻に雷鳴。[4]武蔵《むさし》大路に落雷し、卒都婆が裂けた。その上部の三尺余りが雷火のために焼けた。裂ける音は民家に響き、聞いた者は非常に多かったという。

今日、遠江《とおとうみ》十郎左衛門尉《さえもんのじょう》(三浦頼連)が京都より(鎌倉に)帰った。

十三日、庚寅《かのえとら》。晴れ。寅《とら》の刻以後、将軍家(宗尊)が御病気。

今朝、人々がこぞって山に登り、昨夜の雷で焼けた卒都婆を見た。時ならぬ雷鳴で、その慎みは軽くないと、陰陽師《おんみょうじ》[5]らが勘文を提出した。

十四日、辛卯《かのとう》。晴れ。(宗尊の)御病気により、(安倍)晴宗が御所で泰山府君祭《たいざんふくんさい》〔初めての勤仕である〕を勤めた。星が降臨し、効験は明らかであった。

二十六日、癸卯《みずのとう》。晴れ。入道陸奥《むつ》五郎平(金沢)実泰[6]〔法名は浄仙〕が死去した〔年は五十六歳〕。

十月大《だい》

一日、戊申《つちのえさる》。晴れ。大蔵権大輔（安倍）泰房が御所の南庭で、天地災変祭[1]を行った。これは先月十二日の雷の御祈禱である。

八日、乙卯《きのとう》。晴れ。和泉《いずみ》前司（二階堂）行方はこのところ湯治をしていたが、急に中風を患って病気という。

十日、丁巳《ひのとみ》。評定が行われ、六波羅の検断[2]などのことについてその審議が行われた。六波羅の祗候人の佐治入道[3]（重家）（使者として（鎌倉に）参向していた）を評定の場に召し出し、相談されたという。強盗人について、地頭のいない権門領[4]以下の諸所は、守護所[5]よりの連絡に従って強盗人を召し出すように。そうでなければその所領から追放されるように。そうしないなら、地頭を補任するとあらかじめ本所[6]に申し入れられるように。次に地頭が補任されている諸所より強盗人が召し出されなければ、その地頭職を改易されると伝えた後、（その所領を）注進されるようにという。

十四日、辛酉《かのととり》。今日、評定。出羽《でわ》前司入道々空（二階堂行義）が初めて出仕した。この一二年の間、病気のために籠居していたという。

今日の晩、正五位下行石見守《ぎょういわみ》大江朝臣《あそん》[7]能行が死去した。年は[8]　歳。

十七日、甲子《きのえね》。明年正月の御的始の射手についてその審議が行われ、参勤するよう、左典厩《さてんきゅう》（北条時宗）一人による御奉書[9]が下された。越後《えちご》守（金沢実時）が重服《じゅうぶく》のためである。

二十五日、壬申《みずのえさる》。晴れ。今夜、中御所（藤原宰子）が武州（北条長時）の邸宅に出かけられた。御外戚の太政法印澄円[10]が死去して御軽服《きょうぶく》のためである。その上綱（澄円）は光明峯寺禅閤（行慧、藤原道家[11]）の御子息という。

二十六日、癸酉《みずのととり》。雨が降った。故奥州禅門（観覚、北条重時[12]）の三回忌の仏事が極楽寺[13]で行われた。宗[14]観房を導師とした。

二十七日、甲戌《きのえいぬ》。晴れ。明け方に雨が降った。今日、貢馬御覧。

二十八日、乙亥《きのとい》。晴れ。将軍家（宗尊）の五百首の御詠歌に対して、民部卿入道融覚（藤原為家）が合点を加え、返上してきた。一巻の文書が添えられ、和歌の奥旨にさらに思いを凝らされるよう、様々な助言を申していたという。

十一月小《しょう》

二日、己卯《つちのとう》。晴れ。左衛門少尉《さえもんのしょうじょう》清原真人満定[1]が急死した（年は六十九歳）。

八日、乙酉《きのととり》。相州禅室（道崇、北条時頼）の御病気により御祈禱などが行われた。まず一日の内に等身の千手菩薩像を造立し、供養の儀が行われた。導師は松殿僧正良基である。伴僧は十二人で、共に昼夜不断の千手陀羅尼[2]を読誦された。良基は五穀を断ち、伴僧は一日に三箇度の行水を行ったという。次に尊家[3]法印が園殿で延命[4]護摩を行われた。次に陸奥《むつ》左近将監《しょうげん》（北条）義政が、一日の内に等身の薬師像を造立し、尊家法印を招いて導師とし、供養を遂げられたという。また、尊海法印[5]は等身の薬師画像を持ち、七日間、三島社[6]に参籠するため、今朝出発した。三時[7]の護摩を行い、大般若経を真読するという。

九日、丙戌《ひのえいぬ》。加賀《かが》前司（二階堂）行頼の病気が危篤のため、政所[8]執事[9]を筑前《ちくぜん》三郎左衛門《さえもんのじょう》尉（二階堂）行実が勤めるよう命じられたという。

十日、丁亥《ひのとい》。前加賀《かが》守従五位下藤原朝臣《あそん》（二階堂）行頼が死去した（年は三十四歳）。

十三日、庚寅《かのえとら》。最明寺禅室（道崇、北条時頼）の御病気が危篤であるため、尊家法印が法華護摩[10]を行い、松殿僧正（良基）が（時頼の）山内《やまのうち》の邸宅で、五穀を断ち行法を行うという。

十五日、壬辰《みずのえたつ》。禅室（道崇、北条時頼）の御祈禱により、松殿僧正（良基）が今日、不動護摩[11]を始めた。また、三時の護身[12]が行われたという。

十六日、癸巳《みずのとみ》。晴れ。午《うま》の刻に、御息所（藤原宰子）が着帯[13]された。御験者は大納言僧正（良基。香染《こうぞめ》[14]の法服。伴僧二人・大童子[15]らを引き連れた）、医師は玄蕃頭《げんばのかみ》丹波長世[16]朝臣《あそん》（布衣《ほい》）、御祓は陰陽権助《おんみょうのごんのすけ》（安倍）晴茂朝臣（束帯）[17]、宿曜師《すくようし》は大夫法眼晴尊[18]であった。また尊家が参上したという。太宰少弐（武藤）景頼が奉行した。

戌《いぬ》の剋に地震があった。

十七日、甲午《きのえうま》。晴れ。放光仏[19]を描き供養された。これは尊家法印の申請により、（藤原宰子の）御出産まで、連日供養されるという。

十九日、丙申《ひのえさる》。相州禅室（道崇、北条時頼）の御病気はすでに危篤となっている。そこで最明寺[20]の北亭に渡られ、心静かに臨終されることを思い立たれた。尾藤太（景氏）[21]〔法名は浄心〕・宿屋左衛門尉《さえもんのじょう》（光則）[22]〔法名は最信〕らに命じ、群参する人を禁じるようにという。

二十日、丁酉《ひのととり》。早朝、（北条時頼が）北殿に渡られた。ひたすら御終焉の一念に及んだ。昨日、厳命を受けた両人（尾藤景氏・宿屋光則）は固くその旨を守り、人々の群参を禁じたため、たいそうひっそりとしていた。御看病のため、六七人程の者が祗候する他に人は無かった。（その人々は）すなわち、

武田五郎三郎（政綱）[23]　南部次郎（実光）[24]
長崎次郎左衛門尉《さえもんのじょう》（時綱）[25]　工藤三郎右衛門尉（光泰）
尾藤太（景氏）　宿屋左衛門尉（光則）
安東左衛門尉（光成）[26]　らである。

二十二日、己亥《つちのとい》。晴れ。未《ひつじ》の刻に小町が焼亡した。南風が頻りに吹き、ひどい煙が御所を覆った。そこで御牛車《ぎっしゃ》二両を（御所の）南庭に引き立て、（宗尊の）お出かけの用意をした。その時、前武州（大仏《おさらぎ》朝直）の邸宅の前で火が止まった。

戌《いぬ》の刻に、入道正五位下行相模《さがみ》守平朝臣《あそん》（北条）時頼〔御法名は道崇。御年は三十七歳〕が最明寺の北亭で死去した。御臨終の様子は、衣袈裟[27]を着て、縄床《じょうしょう》[28]に上って座禅され、少しも動揺の気配が無かった。

頌《じゅ》[29]は以下の通り。

業鏡高く懸ぐ　三十七年　一槌に打砕して　大道坦然たり

弘長三年十一月二十二日　道崇珍重々々[30]

平生、武略で主君を輔佐し、仁義を施して民を撫育した。こうして、天意に達し、人望に適った。臨終の時は、両手を組んで印を結び、口に頌を唱え、即身成仏の瑞相を現した。もともと権化[31]の再来である。誰がこれに異論を唱えることが出来ようか。僧俗の貴賤が群を成してこれを拝し奉った。尾張《おわり》前司（名越《なごえ》）時章・丹後《たんご》守（安達）頼景・太宰権少弐（武藤）景頼・隠岐《おき》守（二階堂）行氏[32]・城四郎左衛門尉《さえもんのじょう》（安達）時盛らは、哀傷（の気持ち）を抑えられず、それぞれ鬢髪を切っ（て出家し）た。その他の御家人らの出家については明確に記録することもできない程の数である。皆、出仕[33]を停止された。また、武蔵《むさし》前司（大仏《おさらぎ》）朝直朝臣も出家しようとしたところ、武州（北条長時）が弾正少弼（北条業時）を介して頻りに禁じられたため、本意を達しなかったという。

二十三日、庚子《かのえね》。晴れ。酉《とり》の刻に、相州禅室（道崇、北条時頼）の葬儀が行われた。

今日、御息所（藤原宰子）の御出産の御祈禱以下が行なわれた。奉行の太宰少弐（武藤）景頼が出家したため、縫殿頭《ぬいのかみ》（中原）師連がこれを奉行した。また御験者の大納言僧正（良基）、護持僧の大弐法印（尊家）、医師の（丹波《たんば》）長世朝臣《あそん》らは、去る二十二日の晩まで最明寺禅室（時頼）の病気のために祈禱を行ったり、医術を尽くしたりした。そこで御出産の事はそれぞれ辞退申したという。

二十四日、辛丑《かのとうし》。晴れ。将軍家(宗尊)が哀傷の十首の御和歌を詠まれた。これは最明寺禅室(道宗、北条時頼)の御死去による。

二十五日、壬寅《みずのえとら》。寅の刻に、月が房[34]の第三星に接近した(距離は四寸[35])。房は左右の馬寮を司るものであり、左典厩《さてんきゅう》(北条時宗)はとりわけ慎まれるよう、司天[36]の者たちが申した。

十二月大《だい》

九日、乙卯《きのとう》。晴れ。夜になって、右少弁(藤原)経任[1]朝臣《あそん》が仙洞(後嵯峨)の御使者として(鎌倉に)下着した。最明寺禅室(道崇、北条時頼)の死去による。

十日、丙辰《ひのえたつ》。晴れ。源亜相[2](顕方)が勅使(藤原経任)に対面した。また、秋田城介(安達)泰盛が同じく拝謁したという。今日、御教書が諸国の守護人に下された。これは相州禅室(道崇、北条時頼)の御死去によって、出家を遂げてはならないと、以前に命じられていたところ、違反する者がいるとの風聞があったためである。

相模《さがみ》入道(時頼)の御死去により、御家人らが出家してはならないと、先日命じられていたところ、御禁止に背き、多く出家しているという。その国の御家人の中で出家した者を注進されるよう、仰せによりこの通り伝える。

弘長三年十二月十日

某殿

寅《とら》の刻に、若宮大路[3]が焼亡した。呪師勾当辻子《じゅしこうとうのずし》[4]から大学辻子[5]まで炎が広がり、その間の民家はみな被災した。太宰少弐(武藤)景頼入道の宅がその中にあったという。

十一日、丁巳《ひのとみ》。相州(北条政村)・武州(北条長時)が勅使(藤原経任)に拝謁されたという。今日の夕方、御祈禱を始められるため、大阿闍梨の安祥寺僧正(良瑜)[6]の休息所として、和泉《いずみ》前司(二階堂)行方の家が指定された。(中原)師連が奉行したという。

十三日、己未《つちのとひつじ》。晴れ。今朝、右少弁(藤原)経任朝臣《あそん》が帰京した。鎌倉滞在は僅か四日という。

十六日、壬戌《みずのえいぬ》。晴れ。六波羅の陸奥《むつ》左近大夫将監《しょうげん》(北条)時茂朝臣《あそん》が帰京した。最明寺殿(北条時頼)の御死去により(鎌倉に)参向していたのである。しかし、六波羅の仕事をゆるがせにすべきではないと命じられたため、鞭を揚げ(て出発し)たという。

十七日、癸亥《みずのとい》。晴れ。戌《いぬ》の刻に、荏柄《えがら》社[7]の前で失火があり、火が塔辻[8]に及んだ。宮内権大輔(長井)時秀の家が、御息所(藤原宰子)の御産所に指定されていたところ、同じく被災を免れなかった。

二十四日、庚午《かのえうま》。晴れ。夜になって雨が降った。今日、評定衆らが相州(北条政村)の邸宅に参った。御息所(藤原宰子)の御産所および御方違《かたたがえ》[9]などについてその審議が行われた。陰陽師《おんみょうじ》らを召して、それぞれに意見を尋ねられた。そうしたところ御産所に渡られる日は、来たる二十六日[10]とすると以前に定められていた。ところが今、(安倍)晴茂朝臣《あそん》が「その日は没日《もつにち》[11]です。憚りがあります。」と申した。

(安倍)業昌[12]は「建長六年四月二十四日丙寅《ひのえとら》の没日に、大宮院(藤原姞子[13])が御産所に入られました。憚りはありません。」と申した。そしてその先例を勘申したため、相論は無事に決着した。次に御産所の宮内権大輔(長井時秀)の家が焼失したため、(名越《なごえ》)公時・(北条)義政の両大夫将監《しょうげん》の邸宅を指定されたところ、晴茂が申した。「閉坏[14]が八座の方に当たり、憚りがあります」。そうしたところ三河《みかわ》前司(清原)教隆が批難した。「およそ大臣家以下の古い勘文には閉坏を入れていません」。次に御方違は二十九日に行われる。しかし業昌が申した。[15]「往亡日《おうもうにち》です。憚りがあります」。業昌はまた申した。「普通の御方違ではありません。産所のことですのでいかがでしょうか」。そこで三州(教隆)が晴茂朝臣と問答したところ、憚る必要は無いと答えたが、政村はやはり許容せず、憚るよう意見されたという。

二十八日、甲戌《きのえいぬ》。晴れ。御息所(藤原宰子)が御方違《かたたがえ》のため左近大夫将監《しょうげん》(名越《なごえ》)公時朝臣《あそん》の名越の邸宅に入られた。これは御産所に定められたためである。

二十九日、乙亥《きのとい》。晴れ。辰《たつ》の刻に、御息所(藤原宰子)が名越《なごえ》から(御所に)帰られた。午《うま》の刻に、六波羅の大夫将監《しょうげん》(北条時茂)の妻室が着帯した。若宮僧正(隆弁[16])が加持されたという。

吾妻鏡　第五十二

文永二年（一二六五）乙丑《きのとうし》

正月大《だい》

一日、辛未《かのとひつじ》。日蝕。しかし昨夜から雨が降ったため、蝕は見えなかった。そこで[1]御所を覆うことはしなかった。垸飯《おうばん》（左典厩《さてんきゅう》（北条時宗）の御差配）が行われた。ただし御簾を垂らしたままで（宗尊の）お出ましはなかった（土御《つちみ》門《かど》大納言（源顕方）は催促により参る用意をされていたが、用意だけであった）。御剣役は越《えち》後《ご》守（金沢）実時、御調度は越前《えちぜん》々司（北条）時広、御行縢《むかばき》・沓は秋田城介（安達）泰盛。

一御馬　陸奥《むつ》十郎（北条）忠時　工藤次郎左衛門尉《さえもんのじょう》[2]（高光）

二御馬　越後四郎（金沢）顕時　[3]武藤三郎兵衛尉《ひょうえのじょう》

三御馬　城六郎兵衛尉（安達）顕盛　同九郎（安達）長景

四御馬　筑前《ちくぜん》四郎左衛門尉（二階堂）行佐　同五郎左衛門尉（二階堂）行重

五御馬　相模《さがみ》七郎（北条）[4]宗頼　工藤三郎左衛門尉（光泰）

二日、壬申《みずのえさる》。晴れ。垸飯《おうばん》(相州(北条政村)の御差配)。御簾は前大納言(源顕方)。御剣は中務権大輔(名越《なごえ》)教時、御調度は左近大夫将監《しょうげん》(名越)公時、御行騰《むかばき》は備中守《びっちゅう》(二階堂)行有。

一御馬　越後《えちご》四郎(金沢)顕時　鵜沼次郎兵衛尉《ひょうえのじょう》国景[5]
二御馬　式部太郎左衛門尉《さえもんのじょう》(伊賀《いが》)光政　隼人三郎左衛門尉(伊賀)光範[6]
三御馬　城六郎兵衛尉(安達)顕盛　同九郎(安達)長景
四御馬　出羽《でわ》七郎左衛門尉(二階堂)行頼　備中次郎左衛門尉(二階堂)行藤
五御馬　越後六郎(金沢)実政　戸田兵衛尉茂平[7]

三日、癸酉《みずのととり》。晴れ。垸飯《おうばん》(越後《えちご》入道勝円(北条時盛)[8]の差配)。御簾は前黄門(藤原実尚)[9]。御剣は越前《えちぜん》々司(北条)時広、御調度は右馬助(北条)[10]時親、御行騰《むかばき》は相模《さがみ》四郎(北条)[11]宗政。御馬は五頭。

未《ひつじ》の刻に、将軍家(宗尊)が左典厩《さてんきゅう》(北条時宗)の御邸宅に御行始《おなり》。御引出物はいつも通り。御剣は左近大夫将監《しょうげん》(北条)義政、砂金は左近大夫将監(北条)時村、羽は左近大夫将監(名越《なごえ》)公時。

一御馬　相模《さがみ》四郎(北条)宗政　武藤左衛門尉頼泰
二御馬　三浦介頼盛　同七郎[12]

五日、乙亥《きのとい》。晴れ。亥《い》の刻に、六波羅の急使が(鎌倉に)到着した。延暦寺[13]と園城寺[14]との騒動についてである。

六日、丙子《ひのえね》。晴れたり曇ったり。延暦寺と園城寺との騒動により、昨夜、六波羅の使者が(鎌倉に)持参した（藤原）経任朝臣《あそん》の奉書と注進状、御使者の伊勢《いせ》入道行願（二階堂行綱[15]）（使者として去年より在京）の書状などを披露しようとした。そうしたところ今年は評定始[16]の前ではあるが、急な事であるため日次は審議せず、今日、評定が行われた。ただし、人々は布衣《ほい》を着ず、また酒宴もなかった。これは評定始の作法ではないであろう。近年このような例はないという。相州（北条政村）が出仕された。尾張《おわり》入道見西（名越《なごえ》時章）・越後《えちご》守（金沢）実時・出羽《でわ》入道道空（二階堂行義）・秋田城介（安達）泰盛・縫殿頭《ぬいのかみ》（中原）師連・太宰権少弐入道心蓮（武藤景頼）・伊賀《いが》入道々円（小田時家[17]）・対馬《つしま》前司（矢野）倫長[18]・勘解由判官（太田）康有[19]らがその座に祇候した。佐藤民部次郎業連[20]が事書などを執筆した。評定が終わると、泰盛・心蓮が（事書などを）持参し、（宗尊の）ご覧に入れた後、使者を評議の座に召して御返事が下された。すぐに使者は京に帰った。

七日、丁丑《ひのとうし》。晴れ。将軍家（宗尊）が鶴岡八幡宮に参詣された。帰られた後、垸飯《おうばん》の儀が行われた。

十二日、壬午《みずのえうま》。晴れ。御弓始が行われた。

射手

一番　二宮弥次郎時元[21]　横地左衛門次郎師重

二番　波多野八郎朝義[22]　早河六郎祐頼

三番　松岡左衛門次郎時家[23]　栢間左衛門二郎行泰[24]

四番　小沼五郎兵衛尉《ひょうえのじょう》孝幸　海野弥六泰信[25]

五番　渋谷左衛門尉《さえもんのじょう》朝重[26]　平島弥五郎助経

今日、評定始が行われた。去る六日は臨時の評定であった。そこで吉日により、特に評定を始められた。(中原)師連・(安達)泰盛が事書を持参したという。

十四日、甲申《きのえさる》。晴れ。御所の御鞠始を行うと、催促があったため、数人が参上した。しかし風が激しかったため、人々は退出した。

十五日、乙酉《きのととり》。晴れ。午《うま》の刻に地震があった。今日、御鞠始。将軍家(宗尊)が(鞠庭に)立たれた[27](薄香の狩衣の御衣)。土御門《つちみかど》大納言(源顕方)(布衣《ほい》)・二条三位(飛鳥井)教定卿(布衣)・同少将(飛鳥井)雅有朝臣《あそん》(布衣。[28]上鞠《あげまり》一足[29])・中務権大輔(名越《なごえ》)教時・越前《えちぜん》々司(北条)時広・右馬助(北条)清時・木工権頭《もくのごんのかみ》(藤原)親家・備中《びっちゅう》守(二階堂)行有・武藤左衛門尉《さえもんのじょう》頼泰・加藤左衛門尉景経・鎌田次郎左衛門尉行俊・内記[30]左衛門尉・同兵衛三郎[31](以上は布衣)、総勢十六人[32]である。夕方になって、垸飯《おうばん》が行われた。

二十日、庚寅《かのえとら》。雷雨。電光が天に輝き、雹が降って地を揺るがした。

二十四日、甲午《きのえうま》。曇り。今日、垸飯《おうばん》。馬数頭を近習ならびに医道・陰陽道の者に賜った。

二月小《しょう》

二日、壬寅《みずのえとら》。晴れ。御息所(藤原宰子)が相州(北条政村)の邸宅に入られた。これは将軍家(宗尊)の二所御精進による。

三日、癸卯《みずのとう》。晴れ。将軍家（宗尊）が二所御精進のために浜出された。土御門《つちみかど》大納言（源顕方）・左典《さてん》厩《きゅう》（北条時宗）・越前《えちぜん》々司（北条時広）・越後《えちご》右馬助（北条時親）。以上、供奉人は数名であった。医師の施薬院使（丹波《たんば》）忠茂[1]、陰陽師の少允（安倍）晴宗を引き連れられた。

七日、丁未《ひのとひつじ》。晴れ。風は静かであった。将軍家（宗尊）が二所に御出発された。供奉人は人垣を成した。そのうち、後陣の随兵の一騎が中下馬橋で落馬した。

午《うま》の刻に、御息所（藤原宰子）が急に体調を崩された。そこで人々が群参したが、特に大事は無かったという。

九日、己酉《つちのととり》。丑の刻に、笠間前長門《ながと》守従五位上藤原朝臣《あそん》時朝が死去した（年は六十二歳）。

十二日、壬子《みずのえね》。一日中雨が降った。戌《いぬ》の刻に、将軍家（宗尊）が二所より（鎌倉に）帰られた。

廿五日、乙丑《きのとうし》。着到[2]について、勘中[3]と書くようにという。（中原）師連が奉行した。結解《けちげ》[4]の言葉に（着到の語は）不適当という。

三月大《だい》

一日、庚午《かのえうま》。風雨が激しかった。戌《いぬ》の刻に雷鳴。

四日、癸酉《みずのとのとり》。晴れ。今日、（宗尊が）御所の鞠御壺[1]で童舞[2]を御覧になった。これは昨日の鶴岡（八幡宮寺）の法会の舞楽を引き移されたものである。まず舞童らが南北に分かれて着座し（西を上座とした）、土《つち》御門《みかど》大納言(源顕方)・花山院大納言(藤原[3]師継)らが簾中に祇候されたという。

出居

公卿

従二位(藤原)[4]顕氏卿　従三位(坊門)[5]基輔卿

殿上人

一条中将[6]能基　八条中将(藤原)[7]信通

八条兵衛佐(藤原)[8]盛長　六条少将(藤原)[9]顕名

唐橋少将(源)[10]具忠　六条侍従(藤原)[11]顕教

[12]左《さ》方《ほう》舞〔[13]三台《さんだい》・[14]甘州《かんしゅう》・[15]太平楽・[16]散手《さんじゅ》・[17]陵王《りょうおう》〕

太平楽〔[18]乙王・[19]夜叉王・[20]松若・[21]禅王・[22]瑠璃王・[23]幸王〕

散手〔乙王〕　陵王〔松若〕

[24]右《う》方《ほう》舞〔[25]長保楽《ちょうほうらく》・[26]林歌《りんが》・[27]狛桙《こまぼこ》・[28]貴《き》徳《とく》・[29]納《な》蘇《そ》利《り》〕

狛桙〔[30]万歳・[31]金王・[32]千手・[33]乙鶴・[34]金毘羅・[35]竹王。それぞれ[36]浅黄色の直垂《ひたたれ》を着た〕

貴徳〔万歳〕　納蘇利〔禅王・幸王・[37]豆王〕

また、右近将監《しょうげん》[38]中原光氏が舞いを舞って[39]賀殿を奏したため禄物〔五衣《いつつぎぬ》〕を賜った。(一条)能基朝臣《あそん》が渡した。

五日、甲戌《きのえいぬ》。鎌倉中[40]に散在している町屋などが禁止され、九ヵ所に限って許された。また家の前の大路を掘り上げて家屋を造ることも同じく禁止された。それぞれ（鎌倉の）保々[41]に伝えるよう、今日、地奉行人の小野沢左近大夫入道（光蓮、仲実[42]）に命じられた。

町を許可される所の事

一所、大町[43]　一所、小町　一所、魚町[44]　一所、穀町[45]　一所、武蔵大路下《むさし》
一所、須地賀江橋《すじかえばし》[46]　一所、大倉辻[47]

七日、丙子《ひのえね》。晴れ。御所の彼岸御懺法[48]が結願《けちがん》[49]した。御布施取の公卿は中御門《なかみかど》三位（（藤原）公寛[50]。直衣《のうし》[51]）、殿上人は九人（或いは束帯、或いは布衣《ほい》）、諸大夫は二人（押垂掃部助《かもんのすけ》（安倍範元）・信濃《しなの》[52]蔵人）であった。御息所（藤原宰子）が今日から七日間、鶴岡（八幡宮寺）に参籠される。夜になって出かけられた（御輿）。女房の東御方・一条局《つぼね》[53]・尼卿局[54]ならびに下臈[55]三人が供奉した。これより先、縫殿頭《ぬいのかみ》（中原）師連を奉行として、指図を（鶴岡八幡）宮寺に遣わされ、御局[56]などを用意させたという。別当僧正（隆弁）は六十余人の匠[57]を集め、すぐに造り終えた。熱田[58]・三島社の御前の横廊四間を御局とし、西二間を御寝所および御念誦所とし、東二間を御出居[59]とした。東廊と横廊の中間の敷板を台所[60]とした。東廊の北端を東御方の局とした。その次の一間を卿局、南端の二間を一条殿の局とし、その一間を御湯殿とした。また局の後ろの籠軒[61]に板を敷き下口および湯殿とし、白幕五帖を廻廊の北軒に引いて、面道[62]としたという。

九日、戊寅《つちのえとら》。晴れ。亥《い》の刻に大地震。今夜、鶴岡（八幡宮の）若宮の宝前で管絃講[63]が行われた。別当僧

正(隆弁)が式[64]を読んだ[65]〔八幡講という〕。その後、御神楽が行われた。[66]人長《にんじょう》は松若丸、[67]本拍子《もとびょうし》〔万歳〕、[68]末《すえ》拍子《びょうし》〔禅王〕、[69]和琴《わごん》〔千手〕、[70]篳篥《ひちりき》〔乙鶴〕、[71]大笛〔夜叉王〕という。

十一日、庚辰《かのえたつ》。晴れ。鶴岡(八幡宮の)上宮で法華経供養が行われた。権少僧都[72]慈暁が導師であった。

十三日、壬午《みずのえうま》。晴れ。御息所(藤原宰子)の(鶴岡八幡宮寺への)御参籠の間、御局《つぼね》以下について丁寧な用意をした、と別当僧正(隆弁)を召して(宗尊の)お褒めがあった。その上、[73]南廷〔三〕・砂金〔十両〕・銀剣などを賜った。縫殿頭《ぬいのかみ》(中原)師連が伝えたという。

二十二日、辛卯《かのとう》。晴れ。南風が激しかった。今日、太田民部大夫従五位下三善朝臣《あそん》[74]康宗が死去した〔年は五十四歳〕。

四月小《しょう》

二十二日、辛酉《かのととり》。晴れ。将軍家(宗尊)の夢のお告げにより、御所の南庭で泰山府君祭《たいざんぶくんさい》が行われた。主殿助(安倍)業昌朝臣〔束帯〕が奉仕し、[1]御都状《とじょう》は(藤原)[2]広範が起草した。(宗尊から)鞍を置いた馬一頭・御剣一腰・絹十疋が下された。縫殿頭《ぬいのかみ》(中原)師連が奉行した。

二十五日、甲子《きのえね》。執柄〔(藤原)[3]良実。二条殿〕が上表されるという。

閏《うるう》四月小《しょう》

七日、乙亥《きのとい》。晴れ。遠江《とおとうみ》四郎平（北条）政房が死去した。

二十日、戊子《つちのえね》。御所が無人であるとの風聞があったため、「まず当番で不参の者を注進するように。処罰する。」と、左典厩《さてんきゅう》（北条時宗）が今日、御使者を小侍所に遣わされたという。

二十五日、癸巳《みずのとみ》。晴れ。（宗尊の）特別な御願により、御所で五大尊合行法[1]が始められた。若宮別当僧正（隆弁）が奉仕した。伴僧十人を伴ったという。

五月小《しょう》

二日、己亥《つちのとい》。先月二十二日に関白（〈藤原〉実経[1]。一条殿）が拝賀した。去る十六日に二条殿（藤原良実）が（関白を）上表されたことによるという。

三日、庚子《かのえね》。曇り。日中に五大尊合行法が結願《けちがん》した。

今日、故武州禅門（北条長時）の追善のため、泉谷[2]の新造の堂で仏事（が行われた）。導師は若宮僧正隆弁という。

五日、壬寅《みずのえとら》。晴れ。御所で大般若経の読経が始められた。経衆は十人。

僧名

権少僧都　兼伊[3]

権律師
房誉[4]　房盛[5]
景弁[6]　実雅[7]
浄昭[8]　頼弁[9]
盛弁[10]　兼弁[11]
賢弁[12]　弁盛[13]
兼朝[14]　信勝[15]
房朝[16]　弁誉[17]
頼意[18]

十日、丁未《ひのとひつじ》。晴れ。夕方より一晩中激しい雨が降った。御息所(藤原宰子)が懐妊されたため、今日、(安産の)御祈禱を始められた。(安倍)業昌朝臣が天曹地府祭を奉仕し、押垂掃部助《かもんのすけ》(安倍範元)が御使者となった。

二十三日、庚申《かのえさる》。高柳弥次郎幹盛[19]と縫殿頭《ぬいのかみ》(惟宗《これむね》)文元が、所領について相論した。幹盛は敵意の余りに、次のように訴えた。「文元は陰陽師《おんみょうじ》でありながら、その子息らは太刀などを帯び、全く武士のようです。速やかに陰陽道の装束を着るよう命じて下さい」。そこで今日、評議が行われた。「文元の子息大蔵少輔(惟宗)文親[20]・大炊助《おおいのすけ》(皆吉)文幸[21]らは陰陽師の子孫であるが、右筆[22]を兼ねている上、七条入道大納言家(行賀、藤原頼経[23])の御時に御所に仕え、宿直を勤めたり、格子を上げ下ろす役を勤めたりした。武州前史禅室（安楽、北条経時）[24]と最明寺禅室（道崇、北条時頼）[25]の二代が、このような作法で奉公するよう命じられたのである。今となってはそれを改め難い。ただし官途[26]については、陰陽道を兼ねず、右筆としてのみ奉公する者が、官位に限って（朝廷の官人として）意に任せて任じられるのはよくない。（御家人同様）御許可を得てから任官するように。」と命じられたという。文親は陰陽道を兼ねたが、文幸は右筆のみを勤めていた。

六月大《だい》

三日、己巳《つちのとみ》。日中、夕立があった。故秋田城介（安達）義景[1]の十三回忌の仏事が行われた。無量寿院[2]で一日から今日まで、十種供養[3]や一切経供養が行われていた。そして今日、正日を迎え、多宝塔[4]一基を供養した。導師は若宮別当僧正隆弁で、布施は被物《かずけもの》[5]十重《かさね》・太刀一・南廷五・砂金三十両・銭百貫文であった。伊勢《いせ》入道行願（二階堂行綱）・武藤少卿入道心蓮（景頼）・信濃《しなの》判官入道行一（二階堂行忠）[6]以下の数人が、結縁《けちえん》のためその場に参った。説法の最中に大雨が降った。その時、山上に構えた聴聞の仮屋が顚倒した。人々は奇跡的に逃げ出したが、その中の男女二人が山の嶺から路の北に落下し、半死半生になったという。

十日、丙子《ひのえね》。一日中激しい雨が降った。亀谷《かめがやっ》[7]ならびに泉谷の所々の山が崩れ、人馬が多く土石によって圧死した。その中で、土中から掘り出された者一二人が僅かに生き延びたという。

十一日、丁丑《ひのとうし》。晴れ。評定衆[8]を新たに加えられた。すなわち、前越前《えちぜん》守平（北条）時広・中務権大輔平（名越《なごえ》）教時・宮内権大輔大江（長井）時秀である。また引付衆[9]に新たになった者は、左近大夫将監《しょうげん》平（北条）義政・弾正少弼平（北条）業時・左近大夫将監平（名越）公時〔以上は二番〕、備中《びっちゅう》守藤原（二階堂）行有・前対馬《つしま》守源（佐々木）氏信・筑前《ちくぜん》三郎左衛門尉《さえもんのじょう》藤原（二階堂）行実〔以上は三番〕である。高水右近三郎[10]〔執筆役。三番〕は、壱岐《いき》五郎左衛門尉（三善）為忠[11]が辞退した後任として召し加えられた。

十三日、己卯《つちのとう》。雨が降り、午《うま》の刻に晴れた。今日、御息所（藤原宰子）の御産の御祈禱として、御所で放光仏が供養された。導師は尊家法印。左近大夫将監《しょうげん》（北条）時村・左近大夫将監（金沢）顕時らが御布施を渡した。また七瀬御祓《ななせのおんはらえ》[12]が行われた。

二十三日、己丑《つちのとうし》。将軍家（宗尊）が（北条時宗の）最明寺の邸宅に渡られた。供奉人（は以下の通り）。

騎馬

前大納言（源顕方）　中御門少将（藤原公仲[13]）
越前《えちぜん》々司（北条時広）　中務権大輔（名越《なごえ》教時）
遠江《とおとうみ》右馬助（北条清時）　弾正少弼（北条業時）
尾張《おわり》左近大夫将監《しょうげん》（名越公時）　越後《えちご》左近大夫将監（金沢顕時）
相模《さがみ》四郎（北条宗政）　木工権頭《もくのごんのかみ》（藤原親家）
縫殿頭《ぬいのかみ》（中原師連）　宮内権大輔（長井時秀）

備中守《びっちゅう》（二階堂行有）　信濃《しなの》大夫判官（佐々木時清）
式部太郎左衛門尉《さえもんのじょう》（伊賀《いが》光政）　常陸《ひたち》左衛門尉（二階堂行清）
薩摩《さつま》七郎左衛門尉（安積祐能）　和泉《いずみ》左衛門尉（二階堂行章）
周防《すおう》五郎左衛門尉（島津忠景）　城六郎兵衛尉《ひょうえのじょう》（安達顕盛）

歩行《かち》

武蔵《むさし》五郎（大仏《おさらぎ》）宣時　武藤左衛門尉頼泰
美作《みまさか》左衛門蔵人（藤原）[14]家教　同兵衛蔵人（藤原）[15]長教
隠岐《おき》次郎左衛門尉（二階堂）行景　同四郎兵衛尉（二階堂）行長
肥後《ひご》四郎左衛門尉（大見）行定　甲斐《かい》三郎左衛門尉（狩野）為成
出羽《でわ》八郎左衛門尉（二階堂）行世　信濃次郎左衛門尉（二階堂）行宗
武石新左衛門尉長胤　筑前《ちくぜん》五郎左衛門尉（二階堂）行重
善太郎左衛門尉（一宮）康定　薩摩《さつま》左衛門四郎（安積《あさか》）[16]祐教
島津周防七郎[17]定賢　加藤左衛門三郎[18]泰経

（宗尊が）最明寺の邸宅の寝殿に入ると、すぐに三献を供した。左京兆（北条政村）・[19]相州（北条時宗）・越後守（金沢）実時・秋田城介（安達）泰盛らがあらかじめ参られたという。

七月小《しょう》

四日、庚子《かのえね》。未《ひつじ》の刻に、(北条時宗の)山内《やまのうち》[1]の御山荘で侍二人が闘乱を起こして、雌雄を決し二人とも死亡した。このため鎌倉中が騒動し、御家人らが馳せ参じた。

十日、丙午《ひのえうま》。晴れ。御息所(藤原宰子)が御産所である左近大夫将監《しょうげん》(北条)宗政朝臣《あそん》の邸宅に入られた。

十六日、壬子《みずのえね》。晴れ。晩になって、将軍家(宗尊)が左京兆(北条政村)の小町の邸宅に入られた。供奉人(は以下の通り)。

源大納言(顕方)　一条中将(能基)
中務権大輔(名越《なごえ》教時)　弾正少弼(北条業時)
越後《えちご》左近大夫将監《しょうげん》(金沢顕時)　信濃《しなの》大夫判官(佐々木時清)
美作《みまさか》左衛門蔵人(藤原家教)　同兵衛蔵人(藤原長教)
式部太郎左衛門尉《さえもんのじょう》(伊賀《いが》光政)　和泉《いずみ》左衛門尉(二階堂行章)
城六郎兵衛尉《ひょうえのじょう》(安達顕盛)　周防《すおう》五郎左衛門尉(島津忠景)
甲斐《かい》三郎左衛門尉(狩野為成)　善太郎左衛門尉(一宮康定)
伊東余一(祐頼)　薩摩《さつま》左衛門四郎(安積《あさか》祐教)
加藤三郎(泰経)

政村が庭上に跪き、(宗尊を)出居に入れ奉った。(宗尊が)着席される前に御酒を用意し、供奉人の前に至るまで皆に肴が置かれた。そうしたところ、三献が終わる前に、秋田城介（安達）泰盛が砂金百両と鞍を置いた馬一頭を送ってきた。「御所（宗尊）が入られたと伝え承りましたため、進上します。」と申したという。また戌《いぬ》の刻に、亭主（政村）の[2]息女が婚礼の儀のため相模《さがみ》左近大夫将監（北条）宗政の邸宅に渡られた。（政村邸では）出居で御酒宴が行われていた。姫公は常の居所から出立したが、この間、父の朝臣（政村）は遂に（宗尊の）御前の座を立たれなかった。大名の用意として、時の美談とされた。明け方、（宗尊の）お帰りの時になって、御引出物が進上されたという。

十八日、甲寅《きのえとら》。晴れ。前三河《みかわ》守正五位下清原真人教隆が死去した〔年は六十七歳。この時は在京〕。

二十三日、己未《つちのとひつじ》。曇り。将軍家（宗尊）が（北条時宗の）山内《やまのうち》の御邸宅に入られた。

二十四日、庚申《かのえさる》。晴れ。山内《やまのうち》（の北条時宗の邸宅）で相撲と競馬などが行われた。総じて遊興・酒宴にはあらゆる趣向が尽くされた。夜になって（宗尊は）帰られた。左典厩《さてんきゅう》（北条時宗）が御贈物を進上され、また供奉人もそれぞれ賜った。

二十五日、辛酉《かのととり》。晴れ。法印[3]定親が死去した。

二十八日、甲子《きのえね》。小雨が降った。（藤原宰子の）御出産の御祈禱として千度祓が行われた。（安倍）晴茂・（安倍）宣賢・（安倍）業昌・（安倍）[4]晴長・（安倍）[5]晴秀・（安倍）[6]晴憲・（安倍）晴宗・（安倍）泰房・（安倍）[7]職宗・（安倍）[8]親定らがこれに祗候した。陪膳は左近大夫将監《しょうげん》（北条）時村〔[9]萌黄の狩衣。紫の[10]奴袴〕と右馬助（北条）清時〔[11]織物の狩衣。[12]蘇芳《すおう》の[13]指貫。御所（宗尊）から賜った〕、[14]役送は十人〔それぞれ布衣《ほい》〕で、恪勤十人〔それぞれ白の直垂《ひたたれ》〕が手長《てなが》となった。縫殿頭《ぬいのかみ》(中原)師連・備中《びっちゅう》前司(二階堂)行有〔式部太郎左衛門尉《さえもんのじょう》(伊賀《いが》)光政の軽服《きょうぶく》の替えとして急遽奉行した〕が奉行した。

八月大《だい》

五日、庚午《かのえうま》。曇り。夕方に小雨が降った。将軍家(宗尊)が馬場殿から(藤原宰子の)御産所に入られ、すぐ帰られた。

十三日、戊寅《つちのえとら》。晴れ。故武州禅門〔(北条)長時〕の一周忌の仏事が行われた。また極楽寺奥州禅門(観覚、北条重時)の没後の追善のため、五部大乗経が書写・供養された。これは左典厩《さてんきゅう》(北条時宗)の夢のお告げによる。一日の内に頓写され開題[1]が行われた。

十五日、庚辰《かのえたつ》。晴れ。鶴岡(八幡宮の)放生会《ほうじょうえ》が行われた。将軍家(宗尊)のお出かけはなく、また御奉幣使もなく、全てを(鶴岡八幡)宮寺に付して遂行された。これは御息所(藤原宰子)の御懐妊による。

十六日、辛巳《かのとみ》。晴れ。将軍家(宗尊)が(鶴岡放生会《ほうじょうえ》の)馬場の儀を御覧になるため、密かに相州(北条時宗)の御桟敷に入られた。左近大夫将監《しょうげん》(金沢)顕時が御剣を持って従い、中務権大輔(名越《なごえ》)教時・弾正少弼(北条)業時が御輿寄に祗候し、その他に十人余りが供奉した。今年は時宗の御桟敷〔七間〕を除いて、人々の桟敷はいずれも禁止された。宗尊のお出かけがない上、倹約のためである。流鏑馬の第三番の射手は二・三の的に当たらなかった。「競馬の勝負は(鶴岡八幡)宮寺が判定せよ。」と左京兆(北条政村)

が計らわれた。(宗尊の)御憚りによって神宴が執行されないためである。同じく(競馬の)口取[2]の禄などは諸大夫の役とし、相撲の禄は(鶴岡八幡宮の)神官らが渡した。(法会の)講師[3]・読師[4]ら請僧の布施はそれぞれ本坊に送られたという。戌《いぬ》の刻に、土御門《つちみかど》大納言(源顕方)が、御息所(藤原宰子)の御安産のため御祈禱を行われた。由比浜で(安倍)業昌朝臣《あそん》が霊気祭[5]を奉仕したという。

二十五日、庚寅《かのえとら》。曇り。将軍家(宗尊)が御痢病を患われた。ただしほどなく快復されたという。

九月大《だい》

一日、丙申《ひのえさる》。曇り。日中に小雨が降った。今日、辰《たつ》の刻に、御息所(藤原宰子)に御出産の気配があり、群参した人々は数え切れなかった。御占が行われ、(出産は)あるいは申酉《さるとり》の刻、あるいは亥子《いね》の刻であろうと申したが、しばらくして御出産の気配がなくなり、ほとんど平常時のようになったという。そこで人々は退出した。縫殿頭《ぬいのかみ》(中原)師連・式部太郎左衛門尉《さえもんのじょう》(伊賀《いが》)光政らがこの間のことを奉行した。光政は軽服《きょうぶく》であったため、(二階堂)行有が命じられていたが、(行有にも)また服暇[1]が発生し、光政は軽服の日数がすでに過ぎたため、元の通り奉行した。

二十一日、丙辰《ひのえたつ》。晩に雨が降った。今日、寅《とら》の刻に、(藤原宰子に)御出産の気配があり、辰《たつ》の刻に、姫宮(のちの掄子[2])が誕生した。御験者は松殿僧正(良基)・安祥寺僧正(良瑜)・尊家法印で、医師は(丹波《たんば》)長世朝臣《あそん》、御祓は(安倍)晴茂〔束帯〕・(安倍)宣賢・(安倍)業昌・(安倍)晴長・(安倍)晴秀・(安倍)晴宗・

（安倍）泰房〔以上は[3]衣冠〕であった。まず陰陽師《おんみょうじ》七人が上座（の者）から順にいつも通りの禄を賜った〔白綾の衣をそれぞれ一領〕。次に御験者三人が御衣〔[4]重衣〕・御馬一頭〔侍六人が立烏帽子・直垂《ひたたれ》を着て引いた〕、次に長世朝臣《あそん》が公卿の御座の傍らで御衣を賜った。八条三位（藤原[5]実文）が渡した。陰陽権助（安倍）晴茂朝臣が同じ所で御衣を賜った。左近大夫将監《しょうげん》（名越《なごえ》）公時が渡した。

十月小《しょう》

二日、丁卯《ひのとう》。筑前《ちくぜん》守従五位上藤原朝臣《あそん》（二階堂）行泰法師〔法名は行善〕が死去した〔年は五十五歳〕。

七日、壬申《みずのえさる》。晴れ。御所で連歌御会が行われた。三河《みかわ》阿闍梨[1]円勇が執筆役として祗候したという。

十四日、己卯《つちのとう》。また御連歌が行われた。

十八日、癸未《みずのとひつじ》。晴れ。右大弁入道〔真観〕（藤原光俊）が京都から（鎌倉に）参向した。兵部大輔（藤原）[2]範忠朝臣《あそん》がまた（鎌倉に）到着した。（藤原宰子の）御出産が無事であったことによる。ただし内々はそれぞれ[3]勅撰集のことによるという。

十九日、甲申《きのえさる》。御所で連歌御会が行われた。若宮別当僧正（隆弁）が百種の懸物を持って参上した。（隆弁は）このところ何度も（宗尊の）召しに応じているという。

二十五日、庚寅《かのえとら》。朝、雨が降った。午《うま》の刻に晴れた。今日、最明寺禅室（道崇、北条時頼）の三回忌の御仏事が山内《やまのうち》（の最明寺）で行われた。導師は[4]道隆禅師であった〔祥月命日は十一月二十二日である〕。

二十六日、辛卯《かのとう》。晴れ。貢馬御覧[5]。左京兆（北条政村）・相州（北条時宗）以下（水干・葛袴を着た）が庭上に並んだ。一御馬は政村が進上した騰馬《あがりうま》[6]で、合田四郎[7]が騎乗した。そうしたところ引手らがすぐに（綱を）放したため、馬が何度も跳ね上がった。合田は落馬したが再びこれに乗った。御前を打ち廻る間に、（この馬は）二十回余りも高く跳ね上がった。近年このような馬はないという。

十一月大《だい》

十三日、丁未《ひのとひつじ》。晴れ。京都からの御使者の兵部大輔（藤原）範忠朝臣が京都に帰った。先日（鎌倉に）下向した。これは（藤原宰子の）御安産のお慶びを申し、また勅撰集のことという。

十六日、庚戌《かのえいぬ》。明年正月の御弓始の射手らを定められた。相模《さがみ》左近大夫将監《しょうげん》（北条宗政）・弾正少弼（北条業時）の連署奉書が下されたという。

十七日、辛亥《かのとい》。曇って寒く、霰が常に降った。今日、御息所（藤原宰子）と若宮姫宮（のちの掄子）が御産所（相州親衛（北条宗政）の邸宅）から（御所に）帰られた。

十九日、癸丑《みずのとうし》。去る八日の僧事の聞書[1]が（鎌倉に）到着した。若宮別当僧正（隆弁）が大僧正に転じた。これは（藤原宰子の安産の）御祈禱の賞である。その除書《じしょ》[2]は御所から（鶴岡八幡）宮寺に遣わされ、同時に（宗尊の）御詠歌一首が添えられたという。鎌田次郎左左《さ》衛門尉《えもんのじょう》行俊が御使者となったという。

二十日、甲寅《きのえとら》。信濃《しなの》国善光寺について、一つには寺の周辺の悪党を鎮められるため、一つには（寺の）

警固のため、奉行人が定め置かれていた。すなわち、和田石見《いわみ》入道仏阿[3](繁氏)・[4]原宮内左衛門入道西蓮・[5]窪寺左衛門入道光阿・[6]諏方部四郎左衛門入道定心らであった。しかし本来の職務以外の事に関与し、不当な行いをしているとの訴訟があったため、今日評議が行われた。今後はそれらの奉行人を停止すると命じられ、またその事情を信濃の守護である陸奥《むつ》孫四郎(北条義宗)に伝えられた。

十二月大《だい》

五日、己巳《つちのとみ》。晴れ。夜になって左京兆(北条政村)の邸宅で当座の続歌合が行われた。右大弁入道(真観、藤原光俊)以下の(和歌を)嗜む人々が群集したという。

十四日、戊寅《つちのえとら》。晴れ。明け方に彗星が東方に見えた。掃部助《かもんのすけ》(安倍)範元は真っ先に御所に参り、「客星が出現しました。」と申した。次に(安倍)晴茂朝臣《あそん》が彗星であると参って申した。その後、(安倍)[1]国継・[2](安倍)晴平・[3](安倍)晴成が彗星の勘文を提出した。

十六日、庚辰《かのえたつ》。晴れ。将軍家(宗尊)が庇御所にお出ましになった。司天ら数人を召し、変異の件について命じられた。土御門《つちみかど》大納言(源顕方)・左近大夫将監《しょうげん》(名越《なごえ》)公時・伊勢《いせ》入道行願(二階堂行綱)・信濃《しなの》判官入道行一(二階堂行忠)以下の人々が多く(御所の)[4]簀子《すのこ》に祗候した。司天らは位の序列に従って報告した。「十三日には曇っていた(ため観察できませんでした)。」と一同が報告し、(安倍)[5]晴隆は「十四日の明け方に太白の近くで、何度か[6]客星を観察しましたが、彗星には見えませんでした。」と報告した。(安倍)範元は晴[7]耀と申した。そうしたところ、なお観察を続け、詳細を報告するよう命じられた。太宰権少弐入道心蓮(武藤景頼)が奉行した。

十八日、壬午《みずのえうま》。晴れ。卯《う》の刻に、彗星が出現した。その長さは二[8]丈余り。

今日、小侍所で来年正月の御的始の射手以下についてその審議が行われた。「射手に差し障りがあっても、(欠席を)許可してはならない。」と群議したという。相模《さがみ》左近大夫将監《しょうげん》(北条宗政)・弾正少弼(北条業時)が奉行した。

二十七日、辛卯《かのとう》。晴れ。夕方、彗星が西方に見え、[9]室宿にあった。その尾の長さは二尺余りで、色は白かった。

文永三年(一二六六)丙寅《ひのえとら》

正月大《だい》

一日、乙未《きのとひつじ》。晴れ。風は静かであった。垸飯《おうばん》(相州(北条時宗)の御差配)。御簾は前大納言(源顕方)。御剣は越前《えちぜん》々司(北条)時広、御調度は右馬助(北条)清時、御行縢《むかばき》は秋田城介(安達)泰盛。御馬は五頭。

夜、彗星が西に現れた。[1]辟宿から八度(の位置)。

二日、丙申《ひのえさる》。晴れ。垸飯《おうばん》(左京兆(北条政村)の御差配)。御簾は前大納言(源顕方)。御剣は左近大夫将監《しょうげん》

（名越《なごえ》）公時、御調度は左近大夫将監（金沢）顕時、御行縢《むかばき》は備中守《びっちゅう》（二階堂）行有。御馬は五頭。

垸飯の後、将軍家（宗尊）が相州（北条時宗）の御邸宅に御行始《おなりはじめ》。御引出物はいつも通り。御剣は左近大夫将監（北条）時村、砂金は左近大夫将監（名越）公時、羽は左近大夫将監（金沢）顕時。御馬は二頭。

三日、丁酉《ひのととり》。晴れ。垸飯《おうばん》（陸奥《むつ》孫四郎（北条）義宗の差配）。御簾は前大納言（源顕方）。御剣は右馬助（北条）清時、御調度は刑部少輔（名越《なごえ》）時基、御行縢《むかばき》は対馬前司《つしま》（佐々木）氏信。御馬は五頭。

七日、辛丑《かのとうし》。晴れ。佐々目《ささめ》法印権大僧都[2]守海が死去した（年は六十二歳）。

十一日、乙巳《きのとみ》。昨夜から雪が降り、午《うま》の刻に晴れた。今日、御弓始が行われた。

射手

一番　伊東刑部左衛門尉《さえもんのじょう》（祐頼）　渋谷新左衛門尉（朝重）
二番　横地左衛門次郎[3]（師重）　小沼五郎兵衛尉《ひょうえのじょう》（孝幸）
三番　早河次郎太郎（祐泰）　栢間左衛門次郎（行泰）
四番　海野弥六（泰信）　[4]堤又四郎
五番　山城《やましろ》三郎左衛門尉（本間親忠）　平島弥五郎（助経）

今朝、相州（北条時宗）が鶴岡八幡宮に参られたという。

十二日、丙午《ひのえうま》。晴れ。彗星の変異の御祈禱。[5]金剛童子法は大僧正隆弁、如法[6]尊星王法は安祥寺僧正（良瑜）。天地災変祭は（安倍）業昌で、御使者は[7]伊達蔵人大夫。[8]属星祭は（安倍）国継で、御使者は[9]池伊賀《いが》前司。

十三日、丁未《ひのとひつじ》。晴れ。未《ひつじ》の刻に雨が降り、酉《とり》の刻に晴れた。将軍家（宗尊）の蚊触《かぶれ》[10]により、今日の御鞠始は延期された。戌《いぬ》の刻に、彗星の変異の御祈禱が行われた。陰陽少允《おんみょうのしょうじょう》（安倍）晴宗が御所の西の庭で如法泰山府君祭《たいざんぶくんさい》を奉仕した。雑事は左近大夫将監《しょうげん》（北条）宗政朝臣《あそん》が差配した。鞍を置いた馬一頭・裸馬一頭・銀剣一腰が献じられ、このほか手箱二合（紺絹を納めた）・御双紙筥が御所（宗尊）から出された。御使者は常陸《ひたち》[11]前司、宗尊が祭の庭にお出ましになった。

十七日、辛亥《かのとい》。晴れ。将軍家（宗尊）の御病気により、今日の鶴岡（八幡宮）御参詣は延期された。

二十五日、己未《つちのとひつじ》。晴れ。将軍家（宗尊）の若宮（のちの惟康）[12]の御魚味《まな》[13]。左京兆（北条政村）・相州（北条時宗）以下の人々が出仕された。

丑《うし》の刻に佐々目谷《ささめがやつ》[14]が焼亡した。

二十九日、癸亥《みずのとい》。晴れたり曇ったり。あるいは小雨。今日、御息所（藤原宰子）と若宮（のちの惟康）・姫宮（のちの掄子）が初めて左京兆（北条政村）の小町の御邸宅に入られた。これは将軍家（宗尊）の明日からの二所御精進のためである。

三十日、甲子《きのえね》。晴れ。将軍家（宗尊）が鶴岡八幡宮に参られた。帰られた後、二所御精進を始められた。

二月小《しょう》

一日、乙丑《きのとうし》。曇り。雨が降り、晩には泥が雨に交じって降った。希代の怪異である。おおよそ古い記録を調べると、垂仁天皇十五年丙午《ひのえうま》に星が雨のように降り、聖武天皇の御代の天平十三年辛巳《かのとみ》六月戊寅《つちのえとら》日の夜に洛中に飯が降り、同十四年壬午《みずのえうま》十一月に陸奥国で赤い雪が降った。光仁天皇の御代の宝亀七年丙辰《ひのえたつ》九月二十日に石や瓦が雨のように天から降り、同八年には雨が降らず井戸水が涸れたという。これらの変異は上古のことだが、時の災であった。そうしたところ泥の雨はこの時初めて降った。何とも言いようがない不思議なことであるという。

五日、己巳《つちのとみ》。晴れ。二所奉幣の御使者が出発した。

九日、癸酉《みずのととり》。晴れ。午《うま》の刻に、二所奉幣の御使者が(鎌倉に)帰った。その後、御息所(藤原宰子)と若宮(のちの惟康)が左京兆(北条政村)の御邸宅から御所に入られた。弾正少弼(北条)業時・中務権大輔(名越《なごえ》)教時が御輿寄に祗候し、そのほか数人が供奉した。お帰りの時になって、政村が御引出物を若宮御方に奉られた。御剣は業時が持参し、御馬(鞍を置いた)は左近大夫将監《しょうげん》(北条)時村・伊賀《いが》左衛門次郎光清が、また一頭(裸馬)は相模《さがみ》六郎(北条)政頼[1]・伊賀左衛門三郎朝房[2]らが引いた。宰子には砂金・南廷などを内々に進上されたという。

十日、甲戌《きのえいぬ》。雨が降り、日中に晴れた。将軍家(宗尊)が鞠御壺で御馬を御覧になった。薩摩《さつま》七郎左衛《さえ》門尉《もんのじょう》(安積)祐能・伊東刑部左衛門尉祐頼・波多野兵衛次郎定康[3]らが騎乗した。土御門《つちみかど》大納言(源顕方)・八条三位(藤原実文)が公卿の座に祗候し、一条中将能清・中御門《なかみかど》少将(藤原)公仲らの朝臣《あそん》や左近大夫将監《しょうげん》（北条）義政・弾正少弼（北条）業時以下が北の広廂[4]に祗候した。

二十日、甲申《きのえさる》。晴れ。寅《とら》の刻に、御所で変異などの御祈禱が行われた。主殿助（安倍）業昌・大学助（安倍）晴長・修理亮《しゅりのすけ》（安倍）晴秀・（安倍）晴憲・大蔵権大輔（安倍）泰房・（安倍）晴平・大膳権亮（安倍）仲光[5]が（御所の）南庭に並び、七座の泰山府君祭《たいざんぶくんさい》を勤めた。将軍家（宗尊）がお出ましになった。縫殿頭《ぬいのかみ》（中原）師連が奉行した。去る十月十二日に（宗尊に）夢のお告げがあり、源亜相（顕方）も同時に夢を見たことを、特に恐れられたという。

三月大《だい》

五日、戊戌《つちのえいぬ》。晴れたり曇ったり。小雨が降り、午《うま》の刻に雷鳴。南方から北にわたって雹が降り、大きさは李《すもも》ほどであった。その後、晴れた。酉《とり》の刻にまた雷が数度。全く時期外れのことであり、占文によると、たいそう不吉という。「春に雹が降ると大きな兵乱が起こり、五穀は熟さず、人民は餓死する。」という。ただし戊《つちのえ》・己《つちのと》の日の雷鳴は吉とする典拠があると取りなす者もいた。

六日、己亥《つちのとい》。晴れ。明け方に木工権頭《もくのごんのかみ》（藤原）親家が内々の御使者として上洛した。

また人々の訴訟について、引付での取り扱いを停止し、問注所[1]が訴状[2]・陳状[3]を召し整えて是非が審理されることとなった。これまで申詞を記されていたため、九人（の引付衆）を割り振られるため評定衆が結番された。

御評定の日々・奏事[4]の結番〔次第は不同〕

一番〔三日・十三日・二十三日〕

尾《お》張《わり》入道見西〔名《な》越《ごえ》時章〕　越前《えちぜん》々司〔北条〕時広

宮内権大輔〔長井〕時秀　伊《い》賀《が》入道々円〔小田時家〕

和泉《いずみ》入道行空〔二階堂行方〕

二番〔六日・十六日・二十六日〕

越後《えちご》守〔金沢〕実時　中務権大輔〔名越〕教時

出《で》羽《わ》入道々空〔二階堂行義〕　信濃《しなの》判官入道行一〔二階堂行忠〕

三番〔十日・二十日・晦日〕

対《つ》馬《しま》前司〔矢野〕倫長

秋田城介〔安達〕泰盛　縫《ぬ》殿《い》頭《のかみ》〔中原〕師連

少卿入道心蓮〔武藤景頼〕　伊《い》勢《せ》入道行願〔二階堂行綱〕

日参[5]の日々

一番衆〔一日・十五日〕　二番衆〔五日・二十一日〕

三番衆〔十一日・二十五日〕

政所と問注所の執事は毎日出仕するように。また問注所より毎日文士[6]二人を出仕させるように

十一日、甲辰《きのえたつ》。晴れ。弾正少弼（北条）業時朝臣《あそん》の妻室[7]（左京兆（北条政村）の姫君）が男子を無事に出産されたという。

十三日、丙午《ひのえうま》。晴れ。日暮れに雨が降った。今日、姫宮（のちの掄子）の御[8]五十日《いか》・百日《ももか》の儀が行われた。また人々の訴訟について法が定められた。すなわち

一、御評定の日々の当参の奏の事

あらかじめ論点を勘解由判官（太田康有）に付けられる。

一、事書の事

御評定の後に執筆の者が草案の事書を提出したならば（評定衆が）一見され、趣旨に不備がなければ対馬《つしま》前司（矢野倫長）に付けられる。

二十七日、庚申《かのえさる》。晴れ。相模《さがみ》左近大夫将監《しょうげん》（北条）宗政の家務が特に停滞しているという。

二十八日、辛酉《かのととり》。放埒な遊興を好む人々に命じて鷹狩を禁止されるよう、このところその審議があって、諸国の守護人に施行された。その文書は以下の通り。

鷹狩の事

右については、祭の供物の他は[9]以前より禁止している。そこで供祭物であってもその神社の所領でなければ、たとえその神社の所領であってもその社官でなければ一切鷹狩りを行ってはならないと、その国中に伝えるように。もし違反者があれば確実にその交名を注進するよう、仰せによ

りこの通り伝える。

文永三年三月二十八日

相模《さがみ》守(北条時宗)

左京権大夫(北条政村)

某殿[10](守護人という)

二十九日、壬戌《みずのえいぬ》。晴れ。この間、刑部卿(難波)宗教[11]朝臣《あそん》が蹴鞠について一巻の勘状[12]を作った。将軍家(宗尊)が内々に召し出され、ご覧になった。これは去る文応二年正月十日の御鞠始の日、当職の検非違使である出羽《でわ》(二階堂)行有・上野《こうずけ》(結城)広綱・足利家氏らが蹴鞠の庭に列した。広綱・家氏が上括《しょうくくり》[13]であったため、宗教が当日頻りに批難したが、同八月十九日の旬の御鞠で広綱は再度上括であった。その後年を経た。その三人の(行く末の)吉凶を見て、数代の例証と比較し、特に筆を執ったという。その文書は以下の通り。「禁裏・仙洞では、臨幸に供奉する臣下も、蹴鞠に参仕する者も、礼節を重んじる場面では上括にすることはない。淳和天皇[14]の御代の天長元年に初めて検非違使庁が置かれて以降、検非違使たる者は、天皇の崩御や皇居の火災の騒動、獄舎巡見などの日は、急場の職務であるため上括にする。この他の時に、上括にした者の先例の多くは不吉である。すなわち後白河法皇[15]の御代の安元・治承の頃、(平)康頼[16]・(惟宗)信房[17]は上括としたところ、(藤原)成親卿[18]の謀叛に同意してともに流罪とされ出家した。寿永・元暦の頃、(平)知康[19]・(源)光経[20]が上括としたところ、光経は木曽(義仲)[21]との合戦のその場で命を失い、知康はとうとう罪に連座して出家した。順徳院[22]の御代の承久の頃、

（藤原）[23]康光・（源）[24]宗仲が上括とし、同二年に[25]後鳥羽法皇が[26]熊野山に参詣された時、（藤原）光俊朝臣（その時は[27]靭負佐《ゆげいのすけ》）が上括としたところ、同三年に（承久の乱で）洛中が壊滅し、光俊朝臣および康光・宗仲らはやはり出家遁世した。[28]後堀河院の御代に、（平）[29]繁茂・（源）[30]行綱が上括としたところ、天福元年に藻璧門院（藤原[31]竴子）が亡くなり、同二年には後堀河院が亡くなられた。[32]四条院の御代の嘉禎の頃、（藤原）[33]光業が上括としたところ、ほどなくして出家して急死した。同じく仁治の頃、（中原）[34]行親・（中原）[35]行盛が上括としたところ、天皇（四条）が亡くなられ、その後行盛は准后（藤原[36]淑子）の死去により出家した。当代では（高階）[37]知親が上括としたところ、宝治になって果たして[38]辺境で反乱が起こった」。

三十日、癸亥《みずのとい》。晴れ。御所で当座の和歌御会が行われた。一条左兵衛督（飛鳥井）教定・宮内卿入道[39]禅恵・遠江《とおとうみ》前司（北条）時直・越前《えちぜん》々司（北条）時広・右馬助（北条）清時・右馬助（北条）[40]時親・周防《すおう》判官（島津）忠景・若宮大僧正（隆弁）らが祗候した。僧正（隆弁）が[41]風流《ふりゅう》一脚（百種の蓬萊を用い、述懐の歌を添えたという）を献じられた。

四月小《しょう》

五日、戊辰《つちのえたつ》。晴れ。将軍家（宗尊）が御小瘡を患われた。医師らが参上し、御治療の処置をしたという。

七日、庚午《かのえうま》。朝、雨が降った。曇り。南風が激しかった。将軍家（宗尊）が御蚊触《かぶれ》を患われたため、[1]蛭《ひる》飼《かい》の治療をするのがよいと施薬院使（丹波《たんば》）忠茂朝臣《あそん》が申した。そうしたところ三島社の神事により、憚るべきかどうかを陰陽《おんみょう》道に問われた。（陰陽師は宗尊の）御参詣がなければ、何の憚りがありましょうか、と申した。また（三島社の）社司に尋ねられたところ、同じく憚りはないと申した。そこでこの御治療が行われたという。

八日、辛未《かのとひつじ》。晴れ。前左兵衛督正三位藤原朝臣《あそん》（飛鳥井）教定が死去した。このところ瘡を患っていた。

十五日、戊寅《つちのえとら》。[2]長門国一宮の[3]神人らが殺人を犯し[4]寄沙汰を行った件について、守護人（三井）[5]資平が事情を注進してきたため、その審議が行われた。全ての狼藉の事を奉行したいと資平が申したが、守護が対処すべき事は[6]式目に定められている。それにもかかわらず、守護でありながら[7]国検非違使に任命することは不適当であるという。

二十一日、甲申《きのえさる》。晴れ。[8]甲乙人《こうおつにん》ら数十人が[9]比企谷《ひきがやつ》の山麓に群集し、未《ひつじ》の刻から酉《とり》の刻まで[10]向飛礫《つぶて》を行った後、武具を帯びて闘乱を起こした。夜廻らがその場に急行し、張本人一二人を生け捕りにして投獄した。残りはみな逃亡した。関東ではこれまで飛礫はなかった。京都の飛礫はとかく狼藉の原因となるため堅く禁止せよと、前武州禅室（北条泰時）が[11]執権の時に定めて、六波羅（探題）に命じられていた。ましてや鎌倉中では当然である。怪しむべきことという。

二十二日、乙酉《きのととり》。晴れ。将軍家（宗尊）の御病気により、松殿僧正（良基）を験者として護身を行うとの御沙汰があったという。

五月小《しょう》

一日、癸巳《みずのとみ》。曇り。昨夜より黒雲が天を覆い、日蝕は正現しなかった。御祈禱は三位僧都範乗[1]であった。祈禱の効果に（宗尊が）特に感心され、（範乗に）銀剣一腰と鞍を置いた馬一頭を送り遣わされた。

二十四日、丙辰《ひのえたつ》。晴れ。（宗尊の）御病気により、広御所で五大尊合行法が始められた。若宮大僧正（隆弁）が伴僧八人を率いて奉仕した。

二十五日、丁巳《ひのとみ》。相州（北条時宗）が御所に参られたという。

二十六日、戊午《つちのえうま》。（宗尊の）御病気は、ちょうど御修法結願《けちがん》の日に軽減されるであろうと大阿闍梨（隆弁）が申し入れたという。

六月小《しょう》

一日、壬戌《みずのえいぬ》。晴れ。（今日は）鬼宿[1]の曜であるため、御修法が結願《けちがん》したという。（宗尊の）御病気は少々快復されたという。阿闍梨（隆弁）のこのところ申していた事と符合したと評判になったという。

五日、丙寅《ひのえとら》。晴れ。木工権頭《もくのごんのかみ》（藤原）親家が京都より（鎌倉に）帰った。仙洞（後嵯峨）から内々に（宗尊に）御諫めの言葉があったといい、それは中御所（藤原宰子）のことという。

十九日、庚辰《かのえたつ》。晴れ。今朝方、諏訪三郎左衛門入道（真性、盛経[2]）が急使として上洛したという。

二十日、辛巳《かのとみ》。晴れ。相州（北条時宗）の御邸宅で内密の御評議が行われた。相州（時宗）・左京兆（北条政村)・越後守《えちご》(金沢)実時・秋田城介(安達)泰盛が会合し、この他の人々は参加しなかったという。今日、松殿僧正良基が御所を退出し行方をくらました。事情があったのだという。

二十三日、甲申《きのえさる》。晴れ。酉《とり》の刻に、御息所(藤原宰子)と姫宮(のちの掄子)が急に山内《やまのうち》殿に入られ、若宮(のちの惟康)は相州(北条時宗)の邸宅に入られた。そのため人々が多くそこに駆けつけ、総じて鎌倉中が騒動した。その理由は不明という。

二十四日、乙酉《きのととり》。晴れ。子《ね》の刻に大地震。

今日、左大臣法印厳恵が遁世し行方をくらましたという。

二十六日、丁亥《ひのとい》。晴れ。近国の御家人が蜂のように(鎌倉に)競い集まり、(鎌倉の)建物・路上に溢れたという。

七月大《だい》

一日、辛卯《かのとう》。雷雨。御家人らに、関所を破って鎌倉に駈けつけたり、道を迂回して密かに参じたりした者があり、いずれも武器を持って郊外の民家に潜んだ。酉《とり》の刻になって急に騒動が起こり、群集した人々は小具足[1]を着用し、弓矢を持った。しかし何事もないまま暮れた。

三日、癸巳《みずのとみ》。晴れ。明け方に木星が五諸侯[2]の第三星に接近した。今朝方より世情が不安定となり、家屋を破壊したり、資財を運び隠したりする者がいた。これはいずれも戦場となることを恐れたためであろうか。巳《み》の一点に、甲冑を着た軍勢が旗を揚げて東西から集まり、相州（北条時宗）の（邸宅の）門外まで密かに接近してきた。次に（軍勢は）政所の南大路で一同し、鬨《とき》の声を挙げた。その後、少卿入道心蓮（武藤景頼）・信濃《しなの》判官入道行一（二階堂行忠）が時宗の御使者として御所に参った。往復は二三度に及んだという。以前このように軍勢が動いた時には、将軍家は執権の邸宅に入られ、またしかるべき人々が御所中に参上してこれを守護したようである。今度はそれが行われず、世間は怪しんだ。（宗尊に）朝夕親しく近侍した近臣たちは皆（御所から）去り、周防《すおう》判官（島津）忠景・信濃三郎左衛門尉《さえもんのじょう》（二階堂）行章[3]・伊東刑部左衛門尉祐頼・鎌田次郎左衛門尉行俊・渋谷左衛門次郎清重らばかりが御所中に残ったという。

四日、甲午《きのえうま》。晴れ。申《さる》の刻に雨が降った。今日午《うま》の刻に騒動があった。中務権大輔（名越《なごえ》）教時朝臣《あそん》が、甲冑を着た軍兵数十騎を引き連れ、薬師堂谷《やくしどうがやつ》[4]の邸宅から塔辻[5]の宿所に来た。これにより、その近隣はますます騒動した。相州（北条時宗）は東郷八郎入道[6]を介して、中書[7]（教時）の行動を制止された。（教時は）陳謝しなかったという。戌《いぬ》の刻に、将軍家（宗尊）が越後《えちご》入道勝円（北条時盛）の佐介[8]の邸宅に入られた。女房輿[9]を用いられた。帰洛されるための御出門という。

供奉人

土御門《つちみかど》大納言（源顕方）　同中将（源顕実[10]）

同少将（源具忠[11]）　木工権頭《もくのごんのかみ》（藤原）親家

同子息左衛門大夫〈藤原〉季教[12]　同兵衛蔵人〈藤原〉長教

女房

一条局《つぼね》〔追って参った〕　別当局[13]

兵衛督局[14]　尼右衛門督局[15]

この他

相模《さがみ》七郎〈北条〉宗頼　太宰権少弐〈武藤〉景頼

道順は、〈御所の〉北門から出られ、赤橋[16]を西に行き、武蔵《むさし》大路を通った。赤橋の前で御輿を〈鶴岡八幡宮〉若宮[17]の方角に向け、しばらく祈念され、歌を詠まれたという。

供奉人

相模七郎〈北条〉宗頼　相模六郎〈北条〉政頼

遠江《とおとうみ》前司〈北条〉時直　越前《えちぜん》々司〈北条〉時広

弾正少弼〈北条〉業時　駿河《するが》式部大夫〈北条〉通時

尾張《おわり》四郎〈名越〉篤時[18]　越後六郎〈金沢〉実政

周防《すおう》判官〈島津〉忠景　城弥九郎〈安達〉長景

佐々木壱岐《いき》入道生西〈泰綱〉　河越《かわごえ》遠江権守経重

[19]小山《おやま》四郎　和泉《いずみ》左衛門尉《さえもんのじょう》〈二階堂〉行章

伊東刑部左衛門尉祐頼　[20]和泉藤内左衛門尉
武藤新左衛門尉[21]景泰　甲斐《かい》三郎左衛門尉（狩野）為成
出羽《でわ》七郎左衛門尉（二階堂行頼）

この他

土御門大納言（源顕方）　同子息中将（源）顕実
同少将（源具忠）　木工権頭（藤原）親家
同子息左衛門大夫（藤原）季教　同兵衛蔵人（藤原）長教

女房

一条局　別当局
右衛門督局　[22]民部卿局
[23]小宰相局　[24]侍従局
[25]越後　[26]加賀《かが》
[27]但馬《たじま》　[28]春日

二十日、庚戌《かのえいぬ》。晴れ。戌《いぬ》の刻に、前将軍家（宗尊）が京都に入られ、左近大夫将監《しょうげん》（北条）時茂朝臣《あそん》の六波羅の邸宅に到着された。

注

吾妻鏡　第五十一

弘長三年(一二六三)

正月

1　小　小の月。陰暦で一ヵ月の日数が二十九日までの月をいう。三十日までの月は大の月。

2　垸飯　従者の服属を示す儀礼。鎌倉幕府では有力御家人が鎌倉殿に酒飯を献上する儀礼とされ、特に年頭の垸飯は御家人の序列を示すものとなった。

3　時頼　一二二七―六三(安貞元―弘長三)。北条時氏の男。母は安達景盛の娘(松下禅尼)。寛元四年三月、幕府の執権。康元元年十一月、執権を北条長時に譲って出家。法名道崇。

4　政村　一二〇五―七三(元久二―文永一〇)。北条義時の男。母は藤原朝光の娘(伊賀氏)。従四位下相模守。建長八年三月、幕府の連署となる。

5　布衣　狩衣。

6　時宗　一二五一―八四(建長三―弘安七)。北条時頼の男。母は北条重時の娘(葛西殿)。従五位下左馬権頭。文永二年正月、従五位上。同年三月、兼相模守。

7　宗政　一二五三―八一(建長五―弘安四)。北条時頼の男。母は北条重時の娘(葛西殿)。

8　朝直　一二〇六―六四(建永元―文永元)。北条時房の男。母は足立遠元の娘。正五位下前武蔵守。

9　時章　一二一五―七二(建保三―文永九)。名越朝時の男。母は大友能直の娘。従五位下前尾張守。

10　時広　一二二二―七五(貞応元―建治元)。北条時村の男。時房の孫。時弘とも。

11　時輔　一二四八―七二(宝治二―文永九)。北条時頼の男。母は幕府の女房讃岐局。初名は時利。文永元年に六波羅南方として上洛。同九年に殺害された。

12　宗頼　?―一二七九(?―弘安二)。北条時頼の男。

13　時直　生没年未詳。北条時房の男。母は足立遠光の娘。

14　時村　一二四二―一三〇五(仁治三―嘉元三)。北条政村の男。母は三浦氏。

15　清時　生没年未詳。北条時直の男。

16　教時　一二三五―七二(嘉禎元―文永九)。名越朝時の男。母は北条時房の娘。

17　時隆　生没年未詳。北条時村の男。

18　公時　一二三五―九五(嘉禎元―永仁三)。名越時章の男。母は二階堂行有の娘。

19　義宗　一二五三―七七(建長五―建治三)。北条長時の男。

20　時基　一二三六―?(嘉禎二―?)。名越朝時の男。

21　朝房　?―一二九五(?―永仁三)。大仏朝直の男。原文「時房」を改めた。

22　業時　一二四一―八七(仁治二―弘安一〇)。北条重時の男。母は女房備後局。

23　顕時　一二四八―一三〇一(宝治二―正安三)。金沢実時の男。母は北条政村の娘。初名は時方。

24　時忠　一二三八―一三二三(暦仁元―元亨三)。大仏朝直の男。母は足立遠光の娘。のち宣時と改名。

25　忠時　一二四九―八四(建長元―弘安七)。北条重時の男。

26　兼時　生没年未詳。北条有時の男。

27　頼直　生没年未詳。大仏朝直の男。

28　通時　生没年未詳。北条有時の男。

29　宗長　?―一三〇九(?―延慶二)。名越長頼の男。

30　政房　?―一二六五(?―文永二)。北条時直の男。

31　朝貞　生没年未詳。大仏朝直の男。

32　時秀　生没年未詳。長井泰秀の男。

33　政茂　?―一二六三(?―弘長三)。那波宗元の男。

大江広元の孫。
34　泰盛　一二三一―八五(寛喜三―弘安八)。安達義景の男。母は小笠原時長の娘。
35　行方　一二〇六―六七(建永元―文永四)。二階堂行村の男。
36　泰綱　一二一三―七六(建保元―建治二)。佐々木信綱の男。母は川崎為重の娘。
37　少卿　大宰少弐の唐名「都督少卿」の略。
38　景頼　一二〇五―六七(元久二―文永四)。武藤頼茂の男。
39　基政　一二一四―六七(建保二―文永四)。後藤基綱の男。母は大江能範の娘。
40　長村　一二一七―六九(建保五―文永六)。小山朝長の男。母は中条家長の娘。
41　師連　?―一二八三(?―弘安六)。中原師員の男。
42　頼業　一一九五―一二七七(建久六―建治三)。宇都宮頼綱の男。母は稲毛重成の娘。
43　時朝　一二〇四―六五(元久元―文永二)。塩谷朝業の男。宇都宮頼綱の養子。歌人としても知られる。
44　祐泰　生没年未詳。宇佐美祐政の男。
45　行頼　一二三〇―六三(寛喜二―弘長三)。二階堂行泰の男。
46　氏信　一二二〇―九五(承久二―永仁三)。佐々木信綱の男。母は川崎為重の娘。
47　重教　生没年未詳。藤原仲能の男。歌人。
48　宗朝　一二二〇―九二(承久二―正応五)。宇都宮頼綱の男。
49　国氏　生没年未詳。畠山泰国の男。足利氏の一族。
50　親家　生没年未詳。藤原親任の男。宗尊に随い鎌倉に下向。
51　俊定　生没年未詳。
52　仲家　生没年未詳。藤原仲能の男。
53　家教　生没年未詳。藤原親家の男か。
54　政元　生没年未詳。那波政茂の男。
55　時盛　一二四一―八五(仁治二―弘安八)。安達義景の男。

56　基通　生没年未詳。後藤基綱の一族。
57　重義　生没年未詳。結城重光の男。
58　顕盛　一二四五—八〇(寛元三—弘安三)。安達義景の男。
59　頼綱　一二四一—一三一〇(仁治二—延慶三)。佐々木泰綱の男。頼綱の名は北条時頼の偏諱を受けたか。
60　長景　?—一二八五(?—弘安八)。安達義景の男。母は飛鳥井雅経の娘(城尼)。
61　長員　生没年未詳。宇都宮頼業の男。
62　基頼　一二三八—一三〇一(暦仁元—正安三)。後藤基政の男。母は葛西清親の娘。
63　泰親　生没年未詳。宇都宮頼業の男。
64　朝景　生没年未詳。笠間時朝の男。
65　時清　一二四二—一三〇五(仁治三—嘉元三)。佐々木泰清の男。母は大井朝光の娘。
66　時業　生没年未詳。宇都宮頼業の男。母は稲毛重成の娘。
67　基広　生没年未詳。後藤基政の男。
68　泰盛　生没年未詳。三浦光盛の男。
69　久時　一二二五—八四(嘉禄元—弘安七)。島津忠時の男。のちに久経と改名。
70　行実　一二三六—六九(嘉禎二—文永六)。二階堂行泰の男。
71　大隅大炊助　生没年未詳。島津忠時の男。
72　長頼　生没年未詳。大曽禰宗長の男。
73　行清　一二三一—七七(寛喜三—建治三)。二階堂行久の男。初名は行雄。
74　忠景　一二四一—一三〇〇(仁治二—正安二)。島津忠綱の男。
75　行重　生没年未詳。二階堂行泰の男。
76　景綱　生没年未詳。梶原景俊の男。
77　行経　生没年未詳。二階堂行綱の男。
78　行廉　生没年未詳。二階堂行氏の男か。
79　為成　生没年未詳。狩野為佐の男。
80　頼綱　一二三九—八三(延応元—弘安六)。二階堂行綱の男。

81　□□□郎左衛門尉　生没年未詳。
82　景経　生没年未詳。加藤景廉の男。
83　長胤　生没年未詳。武石朝胤の男。
84　通時　生没年未詳。小野寺通綱の男。
85　為経　生没年未詳。豊島有経の男。
86　道継　生没年未詳。
87　宗長　生没年未詳。
88　為定　生没年未詳。あるいは狩野為佐の男か。
89　時景　一二三八―八五(暦仁元―弘安八)。内藤盛時の男。
90　泰信　生没年未詳。佐々木高信の男。
91　行世　生没年未詳。二階堂行義の男。
92　景家　生没年未詳。小田時家の男。
93　景茂　生没年未詳。
94　祐光　生没年未詳。伊東祐時の男。
95　備後太郎　生没年未詳。三善康持の男か。
96　行宗　一二四六―八六(寛元四―弘安九)。二階堂行忠の男。母は天野義景の娘。
97　仲光　生没年未詳。伊賀光宗の男。
98　祐能　生没年未詳。安積祐長の男。
99　惟時　生没年未詳。平賀惟信の男。維時とも。
100　備後次郎　生没年未詳。三善康持の男か。
101　定賢　生没年未詳。島津忠綱の男か。
102　備後三郎　生没年未詳。三善康持の男か。
103　天野肥後三郎左衛門尉　生没年未詳。天野光景の一族。
104　同肥後四郎左衛門尉　生没年未詳。天野光景の一族。
105　遠時　生没年未詳。
106　実綱　一二二〇―九七(承久二―永仁五)。加地実秀の男。
107　宗尊　一二四二―七四(仁治三―文永一一)。後嵯峨天皇の皇子。母は平棟基の娘棟子。鎌倉幕府の第六代将軍。
108　顕方　一二二六―?(嘉禄二―?)。源通方の男。母は家女房。源定通の猶子。正二位権大納言。本年十月二十六日に権大納言を辞任。

109　調度　弓矢。

110　行縢　馬に乗り遠行・狩猟をする際に雨湿を防ぐため、両足を覆った装具。

111　岡村三郎兵衛尉　生没年未詳。承久の乱に際し、最初に北条泰時に従って上洛した岡村次郎兵衛尉の一族か。

112　宗行　生没年未詳。二階堂行義の男。

113　長綱　一二四六―一三〇〇（寛元四―正安二）。佐々木泰綱の男。

114　盛頼　生没年未詳。諏訪盛重の男。得宗被官。

115　御行始　鎌倉殿がはじめて家臣の邸宅を訪問する儀式。年頭に恒例となっているものと、新築などで臨時に行われるものがあり、ここでは前者。御成始とも。

116　家教　原文「宗教」を吉川本により改めた。

117　宗綱　？―一二九七（？―永仁五）。佐々木氏信の男。

118　行定　生没年未詳。大見実景の男。

119　宰子　一二四一―？（仁治二―？）。藤原兼経の娘。北条時頼の猶子。将軍宗尊の妻室。

120　八葉　八葉の牛車。八葉の丸の文様が付けられ、高貴な人物の乗用とされた。

121　御衣を出され　牛車で、箱の簾の下から飾りとして女房装束の袖や裾を出すこと。はじめから装飾として配置する。

122　頼綱　？―一二九三（？―永仁元）。平盛綱の男。得宗被官。

123　高政　生没年未詳。四方田景綱の男。得宗被官。

124　行村　生没年未詳。

125　実政　一二四九―一三〇二（建長元―乾元元）。金沢実時の男。母は北条政村の娘。後に鎮西探題。

126　光清　生没年未詳。伊賀光房の男。原文「伊賀右衛門次郎」は「伊賀左衛門次郎」の誤りか。

127　御点を下され　供奉人などの候補者を記した交名（名簿）に将軍が合点を加え、供奉人などを決定した。

128 長時　一二三〇―六四(寛喜二―文永元)。北条重時の男。母は平基親の娘。従五位上武蔵守。
129 景光　生没年未詳。得宗被官。
130 景方　生没年未詳。梶原景俊の男。
131 宗光　生没年未詳。結城時光の男。
132 牧野太郎兵衛尉　生没年未詳。正嘉二年六月十八日条で北条長時の使者となっており、重時流北条氏の被官と考えられる。
133 鶴岡　鶴岡八幡宮。現、鎌倉市雪ノ下に所在。八幡宮寺とも。源頼義が石清水八幡宮を由比浜に勧請し、治承四年に源頼朝が現在地に移した。
134 景氏　生没年未詳。梶原景俊の男。
135 長員　原文「朝景」を改めた。
136 越中五郎左衛門尉　原文「越中五郎左衛門尉長員」を改めた。
137 基通　生没年未詳。後藤基綱の男か。
138 直垂　肩衣《かたぎぬ》に袖をつけた衣服。当時は、武家が公的な場で着る上着として広く用いられていた。
139 宗政　原文「宗房」を改めた。
140 景村　生没年未詳。天野政景の男。
141 景経　生没年未詳。天野政景の男。
142 手長　ここでは沓を取り次ぐ役。
143 前浜　現、鎌倉市由比ガ浜付近。
144 的始　正月、将軍出御のもと左右に番《つが》えた射手が的を射る儀式。朝廷の射礼《じゃらい》にならったもの。弓場《ゆば》始。弓始。
145 左典厩　左馬寮の唐名。ここでは左馬権頭北条時宗を指す。
146 親忠　生没年未詳。本間元忠の男。
147 祐泰　生没年未詳。早川(河)祐朝の男。伊東祐時の孫。
148 朝重　生没年未詳。渋谷武重の男。
149 師重　生没年未詳。
150 祐頼　生没年未詳。伊東祐時の男。
151 員時　生没年未詳。
152 時家　生没年未詳。

153　助経　生没年未詳。
154　伊東新左衛門尉　生没年未詳。伊東氏の一族。
155　孝幸　生没年未詳。
156　家範　生没年未詳。
157　清重　生没年未詳。渋谷武重の男。
158　季忠　生没年未詳。
159　忠泰　生没年未詳。本間忠直(忠貞とも)の男。
160　頼業　生没年未詳。
161　神林兵衛三郎　生没年未詳。信濃国の御家人神林氏の一族か。
162　祐頼　生没年未詳。伊東氏の一族早河祐朝の一族。
163　下山兵衛太郎　生没年未詳。
164　隆政　一二四一―六三(仁治二―弘長三)。北条経時の男。母は幕府の女房讃岐局。初名は隆時。出家して大夫律師隆政と称する。
165　蹴鞠　革製の鞠を地上に落とさずに、一定の高さを保って蹴り上げることを繰り返し、その回数を競う芸能。
166　隆茂　生没年未詳。藤原隆兼の男。従四位下左中将。
167　行有　一二二〇―九二(承久二―正応五)。二階堂行義の男。
168　家氏　生没年未詳。足利泰氏の男。母は名越朝時の娘。
169　景綱　一二三五―九八(嘉禎元―永仁六)。宇都宮泰綱の男。母は名越朝時の娘。
170　雅有　一二四一―一三〇一(仁治二―正安三)。飛鳥井教定の男。母は金沢実時の娘。父と共に鎌倉に祗候。蹴鞠の家。従四位下左中将。
171　基隆　生没年未詳。後藤基綱の男。
172　頼氏　生没年未詳。得川義季の男。
173　基長　生没年未詳。飛鳥井教定の男。五位侍従。
174　光泰　生没年未詳。工藤資光の男。得宗被官。
175　厳恵　生没年未詳。藤原(九条)高実の男。
176　行義　一二〇三―六八(建仁三―文永五)。二階堂行村の男。

177 定清　一一八五—一二八〇(文治元—弘安三)。後藤基清の男。鶴岡別当を勤めた定豪の弟子。

178 行久　一二〇五—六六(元久二—文永三)。二階堂行村の男。

179 二所　箱根権現(箱根神社。現、神奈川県足柄下郡箱根町元箱根に所在)と走湯権現(伊豆山神社。現、静岡県熱海市伊豆山に所在)。

180 朝氏　生没年未詳。大須賀胤氏の男。

181 足立左衛門太郎　生没年未詳。武蔵の武士足立氏の一族。

182 頼重　生没年未詳。佐々木重綱の男。

183 長氏　生没年未詳。武藤資頼の弟で出羽国大泉庄を本拠とした大泉氏平の一族か。

184 直元　生没年未詳。足立遠親の男。

185 鹿食　肉食のこと。宍食。

186 禁制　石清水八幡宮では鹿食は百日の穢れとされている(『鎌倉遺文』三八五八参照)。弘長三年三月十三日条には鳥食を憚ることがみえている。

187 小侍所　将軍御所の警備や宿直、将軍の外出の際の供奉人の選定、弓始の射手の選定などを管轄した幕府の機関。

二月

1 当座の和歌御会　その場で題を与えられて和歌を詠む歌会。

2 常盤　現、鎌倉市常盤の辺り。

3 探題　いくつかの題を出し、くじで選びとった題によって和歌を詠むこと。続歌とも。

4 懸物　勝負事や遊戯などで勝者やすぐれた者に与える褒美。

5 光俊　一二〇三—七六(建仁三—建治二)。藤原光親の男。母は藤原定経の娘。正四位下右大弁を極官として出家。法名真観。歌人として知られる。

6 俊嗣　生没年未詳。藤原光俊の男。

7 範元　生没年未詳。安倍資宣の男。幕府に仕える陰陽師。歌人としても知られた。法名寂恵。

8　証悟　生没年未詳。

9　良心　生没年未詳。

10　披講　和歌を読み上げること。

11　合点　和歌などで良いとするものに印をつけること。

12　色革　色を染めたなめし皮。色皮とも。

三月

1　右京兆　右京大夫の唐名。北条義時は右京権大夫であった。

2　義時　一一六三—一二二四(長寛元—貞応三)。北条時政の男。元久二年に源実朝を奉じて父時政らを引退させ、政所別当に就任、建暦三年の和田合戦後は侍所別当も兼ねた。承久の乱では幕府方を勝利に導いたが、貞応三年六月に死去した。なお原文で「義—」となっているのは実名を表記することを憚ったものである。

3　大倉薬師堂　現、鎌倉市二階堂に所在する覚園寺の前身。建保六年七月に北条義時が建立し、同年十二月二日に薬師如来を供養したのに始まる。

4　真言供養　真言宗で行う供養法。

5　公朝　生没年未詳。藤原実文の男。名越朝時の猶子。園城寺僧。

6　深田郷　現、長野県長野市箱清水周辺とする説がある。凍田郷とも。

7　善光寺　現、長野県長野市元善町に所在。北条泰時も延応元年七月十五日条で不断念仏用途のため寺領を寄進している。

8　不断経　ある決まった期間に間断なく法華経を読誦すること。

9　不断念仏　ある決まった期間に間断なく念仏を唱えること。

10　観西　生没年未詳。

11　重実　生没年未詳。

12　善西　生没年未詳。

13　覚玄　生没年未詳。

14　実円　生没年未詳。
15　証範　生没年未詳。澄範とも。
16　聖尊　生没年未詳。
17　有慈　生没年未詳。
18　勝賀　生没年未詳。
19　俊栄　生没年未詳。
20　覚隆　生没年未詳。
21　俊範　生没年未詳。
22　免田　領主への公事納入を免除された土地。
23　蓮性　生没年未詳。あるいは安東蓮聖か。蓮聖は一二三九—一三二九(延応元—元徳元)。得宗被官。
24　尊海　生没年未詳。
25　良祐　生没年未詳。
26　幸源　生没年未詳。
27　円西　生没年未詳。
28　唯観　生没年未詳。
29　栄俊　生没年未詳。
30　幸証　生没年未詳。
31　琳尊　生没年未詳。
32　俊昌　生没年未詳。
33　幸源　生没年未詳。
34　尊覚　生没年未詳。
35　俊然　生没年未詳。
36　深田郷　原文「凍田郷」を改めた。
37　名越　現、鎌倉市大町三〜七丁目付近。
38　山王堂　名越の谷に所在した山王堂。名越の谷はこの山王堂から「山王堂ヶ谷」とも呼ばれた。
39　東御方　生没年未詳。宗尊に仕える女房。
40　里亭　私邸。

四月

1　散状　人名を列挙した文書。多くは行事の所役配当を記した。
2　窟堂　現、鎌倉市雪ノ下二丁目に所在。岩窟に不動明王を祀る。
3　頼重　生没年未詳。佐々木重綱の男。

4　打梨　柔らかに作った装束。

5　通行　生没年未詳。河野通久の男。

6　経通　生没年未詳。河野通行の男。

7　小町　現、鎌倉市小町。

8　潮垢離　精進のために海水を浴びて身を清めること。

9　水干　盤領《まるえり》形式の簡便な上着。下層の人が着用したが、次第に上層階級も着用するようになった。

10　立烏帽子　頂辺の峰を高く立てたままで折らない烏帽子。

11　公敦　一二三五―八七(嘉禎元―弘安一〇)。藤原実光の男。従四位上左中将。

12　実俊　生没年未詳。金沢実時のもとで小侍所の所司を勤める。

13　長宣　生没年未詳。丹波良基の男。

14　晴弘　生没年未詳。安倍晴茂の男。幕府に仕える陰陽師。

15　中の潮垢離　精進のために三度潮垢離をする第二度目。

16　行泰　一二一〇―六五(承元四―文永二)。二階堂行盛の男。

17　良基　生没年未詳。藤原忠房の男。宗尊の護持僧。

18　家教　原文「宗教」を吉川本により改めた。

19　実綱　生没年未詳。土肥維時の男。相模の武士。

20　行長　生没年未詳。二階堂行氏の男。

21　木工左衛門尉　原文「木工権頭」を吉川本により改めた。

22　時仲　生没年未詳。小河弘持の男。

23　佐弘　生没年未詳。小河時仲の男。

五月

1　浜部崎　現、神奈川県小田原市鴨宮・酒匂付近か。暦仁元年十月二十八日条に酒匂駅の「浜部の御所」が見える。

2　太白　太白星。金星。

3　宣賢　生没年未詳。安倍資元の男。幕府に仕える陰陽師。

4　宗明　生没年未詳。安倍親宗の男。平安末期の天文道の官人。権天文博士。

5　経業　一二二六—八九(嘉禄二—正応二)。藤原信盛の男。

6　永福寺　源頼朝が源義経・藤原泰衡ら奥州合戦での死者の菩提を弔うため、中尊寺の二階大堂大長寿院を模して造営した寺院。鎌倉の二階堂に所在した。

7　文元　生没年未詳。惟宗文義の男。幕府に仕える陰陽師。

8　晴茂　生没年未詳。安倍親職の男。幕府に仕える陰陽師。

9　晴宗　生没年未詳。安倍親職の男。幕府に仕える陰陽師。

10　泰房　生没年未詳。安倍泰基の男。幕府に使える陰陽師。

11　頼房　生没年未詳。安倍泰房の男。幕府に仕える陰陽師。

12　時隆　生没年未詳。武田信隆の男。

13　泰山府君祭　陰陽道の祭祀。冥道十二神を勧請し、鏡を撫物として金銀幣帛などを捧げ、陰陽師が都状(祭文)を読み、焼香・献酒・礼拝する。

14　百怪祭　百怪を鎮め、除くために行う陰陽道の祭祀。

15　白鷺祭　鷺の怪異を払うための陰陽道の祭祀。寛喜二年六月五〜七日条参照。

16　肥前四郎左衛門尉　生没年未詳。

六月

1　丹後守　原文「丹波守」を改めた。

2　頼景　一二二九—九二(寛喜元—正応五)。安達義景の男。

3　有義　?—一二六三(?—弘長三)。北条有時の男。

4　軽服　親族の死去により軽い喪に服すること。

5　綿衣　綿入れ。保温のため、衣類の表地と裏地との間に綿を入れた着物。

6　御教書　三位以上の貴人の意を奉じた奉書形式の文書。ここでは関東御教書。
7　六波羅　六波羅探題。京都の六波羅に置かれた幕府の機関。洛中の警固、西国の裁判などを行った。
8　時茂　一二四一―七〇（仁治二―文永七）。北条重時の男。母は平基親の娘。六波羅探題北方。従五位下左近将監。
9　放生会　魚鳥を山野池沼に放し供養する法会。鶴岡八幡宮では八月十五日を式日とした。
10　帝範　帝王としての心得を説いた書物。唐の太宗が自ら撰して太子に授けた。
11　茂範　一二三六―九四（嘉禎二―永仁二）。藤原経範の男。従四位上右京権大夫。紀伝道の学者。
12　教隆　一一九九―一二六五（正治元―文永二）。清原仲隆の男。正五位下前三河守。明経道の学者。

七月

1　為家　一一九八―一二七五（建久九―建治元）。藤原定家の男。母は藤原実宗の娘。法名融覚。歌人。
2　風伯祭　風の神である風伯を祀る陰陽道の祭祀。
3　元氏　生没年未詳。足立遠長の男。
4　満氏　？―一二八五（？―弘安八）。足利長氏の男。
5　頼盛　生没年未詳。三浦盛時の男。母は海上氏。
6　政氏　生没年未詳。薬師寺政村の男。
7　重継　生没年未詳。小田知重の男。
8　宗長　生没年未詳。長沼宗員の男。
9　常康　生没年未詳。千葉胤康の男。
10　頼連　生没年未詳。佐原盛連の男。
11　重服　父母の喪。令の規定では服喪期間は一年間。
12　時知　生没年未詳。小田泰知の男。
13　鹿島社　常陸国一宮。現、鹿島神宮。茨城県鹿島市宮中に所在。武甕槌神を祭る。
14　光綱　生没年未詳。阿曽沼朝綱の男。下野国阿蘇郡阿曽沼を本拠とする武士。
15　景綱　生没年未詳。阿曽沼光綱の男。
16　光清　生没年未詳。葛西清親の男。

17　清氏　生没年未詳。葛西光清の男。

18　長光　生没年未詳。武蔵の武士江戸氏の一族か。

19　京都大番役　京都の内裏・院御所諸門の警固にあたる役。幕府御家人の所役の中でも重視された。

20　頼氏　?—一二九七(?—永仁五)。佐々木氏信の男。

21　光時　生没年未詳。三浦光盛の男。

22　行頼　?—一二八四(?—弘安七)。二階堂行義の男。

23　為信　生没年未詳。大須賀通信の男。

24　義長　生没年未詳。藤井姓鎌田氏の一族か。

25　天文道　天文気象を観測して変異を察知する技術。陰陽寮の安倍氏が相伝した。

26　宿曜道　宿曜師によって行われた星占・暦算・祈禱の術。

27　請文　依頼や命令の文書に対する回答の文書。

28　教定　一二一〇—六六(承元四—文永三)。飛鳥井雅経の男。母は大江広元の娘。蹴鞠の家。正三位左兵衛督。本年八月十三日に左兵衛督を辞任。

29　初心愚草　宗尊の家集。現存しない。なお宗尊の歌集としては『柳葉集』『瓊玉集』が伝わる。

八月

1　遠江　原文「近江」を吉川本により改めた。

2　素暹　生没年未詳。俗名は東胤行。東重胤の男。源実朝に仕え承久の乱で活躍。藤原為家の娘婿で、二条流歌人として知られた。原文「法印」を吉川本により「法師」に改めた。

3　懐紙　和歌の会で詠んだ和歌を記したもの。

4　行長　宗尊の仮名。高貴な人は和歌会の折に仮名を使うことがあった。

5　広御所　将軍御所の中の広間。

6　臣軌　唐代の典籍。臣下の心構えや忠君を説き、官人必読の書とされた。

7　経重　生没年未詳。河越泰重の男。

8　基秀　生没年未詳。後藤基隆の男。

9　病気が　時秀の事由として位置を改めた。
10　暇を賜り　泰綱の事由として位置を改めた。
11　上野前司　畠山泰国または梶原景俊。
12　同六郎左衛門尉　生没年未詳。宇都宮宗朝の一族。
13　行章　一二三五―七四(嘉禎元―文永一一)。二階堂行方の男。母は佐々木信綱の娘。
14　知継　生没年未詳。田中知氏の男。
15　実保　生没年未詳。加藤尚景の男。
16　大見肥後次郎左衛門尉　生没年未詳。大見実景の男で行定の兄弟。
17　信俊　生没年未詳。藤井姓鎌田氏の一族か。
18　泰朝　生没年未詳。塩谷朝親の男。
19　行俊　生没年未詳。鎌田俊長の男。
20　景綱　生没年未詳。梶原景俊の男。
21　祐家　生没年未詳。安積祐長の男か。
22　康長　生没年未詳。三善康倫の男。
23　行朝　生没年未詳。二階堂行義の男。
24　通廉　生没年未詳。山内通重の男。山内首藤氏の一族。
25　定仲　生没年未詳。原文「萩原」を吉川本により「荻原」に改めた。
26　朝連　生没年未詳。長信連の男。母は由利信範の娘。
27　信泰　生没年未詳。大須賀通信の男。
28　義政　一二四二―八一(仁治三―弘安四)。北条重時の男。母は女房少納言局。
29　広綱　生没年未詳。あるいは結城広綱か。結城広綱は生没年未詳。結城朝広の男。「上野三郎左衛門尉」などと称す。
30　常康　原文「康常」を改めた。
31　義清　生没年未詳。相模国三浦郡を本拠とする武士。
32　公長　生没年未詳。色部為長の男。正嘉元年十二月二十四日条の「式部左衛門尉」も吉川本によれば「色部右衛門尉」で公長。
33　氏綱　生没年未詳。佐々木(加地)信実の男。

34　頼平　生没年未詳。中条家平の男。
35　家氏　生没年未詳。宍戸家周の男。
36　政直　生没年未詳。武田信政の男。
37　義連　生没年未詳。長氏の一族。
38　狩野新左衛門尉　生没年未詳。
39　胤景　生没年未詳。海上胤方の男。
40　朝胤　生没年未詳。武石胤重の男。
41　宗泰　生没年未詳。長沼時宗の男。
42　宗長　生没年未詳。
43　康定　生没年未詳。三善氏の一族。
44　康有　生没年未詳。三善康倫の男。一宮康長の弟。
45　行資　一二二三―八〇(貞応二―弘安三)。二階堂行義の男。母は宇佐美祐政の娘。
46　景茂　生没年未詳。天野景氏の男。
47　胤村　生没年未詳。相馬胤綱の男。母は天野政景の娘。
48　景秀　生没年未詳。長江師景の男。
49　石見次郎左衛門尉　生没年未詳。宇都宮宗朝の男か。
50　光政　一二二四―九七(元仁元―永仁五)。伊賀光高の男。
51　光家　生没年未詳。中条家長の男。
52　康家　一二一二―六五(建暦二―文永二)。一宮康長の男。
53　通業　生没年未詳。小野寺通綱の男。
54　頼泰　生没年未詳。武藤景頼の男。
55　内藤豊後三郎左衛門尉　生没年未詳。内藤盛義の男。
56　信長　生没年未詳。武田信光の男。
57　時長　生没年未詳。小笠原長清の男。娘は安達義景の室で泰盛の母。伴野氏の祖。
58　光時　生没年未詳。土屋宗光の男。
59　景朝　生没年未詳。
60　政遠　生没年未詳。武蔵の武士足立氏の一族。
61　遠山六郎　あるいは景員か。景員は生没年未詳。遠山景朝の男。

62　経朝　生没年未詳。氏家公信の男。

63　家宗　生没年未詳。宍戸家周の男。

64　阿波入道　あるいは薬師寺朝村か。朝村は生没年未詳。小山朝政の男。

65　光房　生没年未詳。伊賀光資の男。

66　盛綱　生没年未詳。得宗被官。北条泰時に近侍した。

67　実時　一二二四—七六(元仁元—建治二)。金沢実泰の男。母は天野政景の娘。

68　物具　武具。兵具。

69　中持　長持。蓋のついた長方形の大きな木製の箱。衣類・調度などを入れて運搬・保存する。

70　床子　寄りかかりのない腰掛け。

71　掃部所　掃除や設営を掌る役所。

72　護持僧　身分の高い人の身の安全を祈禱する僧。

73　釜殿　御膳や湯などを調えるための釜を置く所。またそこに勤仕する職員。

74　紫染衣　紫に染めた衣。

75　紺染衣　紺に染めた衣。

76　恪勤の侍　宿直や前駆など雑役に従事する武士。

77　仲実　生没年未詳。源成国の男。原文「小野寺」を「小野沢」に改めた。

78　中間　公家・武家・寺院などに召し使われた男。

79　力者　輿を担ぐ者。

80　朝夕雑色　雑役に従事した小侍所の下級職員。

81　小舎人　侍所の下級の職員。

82　国雑色　国衙の命令を伝達する下級役人。

83　廂御所　御所の廂の間。

84　五十韻　連歌・連句の形式の一つ。五十句からなる。

85　親行　生没年未詳。源光行の男。歌人として知られる。『源氏物語』の諸本を校訂し「河内本」を整定。

86　親清　生没年未詳。平信親の男。北条重時の被官。歌人としても著名。

87　行佐　一二三七—七七(嘉禎三—建治三)。二階堂行泰の男。
88 西侍　寝殿の西側の侍廊。侍の詰所。
89 為佐　一一八一―一二六三(養和元―弘長三)。藤原行光の男。
90 蓮佐　原文「蓮祐」を改めた。
91 行藤　一二四六―一三〇二(寛元四―正安四)。二階堂行有の男。
92 秀頼　生没年未詳。宇都宮頼業の男。
93 政連　生没年不詳。長氏の一族。
94 宣時　一二三八―一三二三(暦仁元―元亨三)。大仏朝直の男。母は足立遠光の娘。初名は時忠。
95 諸大夫　四位・五位の者。
96 祐家　生没年未詳。伊東祐盛の男。
97 頼業　生没年未詳。宇都宮頼綱の男。
98 時治　生没年未詳。北条時盛の男。
99 泰親　生没年未詳。宇都宮頼業の男。
100 景長　生没年未詳。遠山景重の男。
101 頼秀　生没年未詳。長江景秀の男。原文「長門」を吉川本により「長江」に改めた。
102 競馬　馬を走らせて勝負を争う芸能。
103 左親衛　左近衛府の唐名。ここでは左近将監の北条時茂を指す。
104 泰実　生没年未詳。春日部広実の男。
105 指深庄　現、岐阜県美濃加茂市付近に所在した庄園。摂関家領。
106 沙汰人　ここでは庄園や国衙領で現地管理や村落運営にあたった者。
107 房源　生没年未詳。藤原季宗の男か。房玄とも。
108 覚乗　生没年未詳。
109 大般若経　大乗仏教の経典。玄奘訳。六百巻と量が膨大であるため、もっぱら儀式用として転読が行われた。
110 真読　経典を読む時に本文を省略せずに読誦すること。
111 甘縄　若宮大路の西南に広がる地域。当初は二ノ鳥居より北、笹目より東がその中心。

112　北斗堂　北斗七星を祀った堂。甘縄に所在した。

113　仙洞　院（上皇）のこと。この時は後嵯峨院。後嵯峨院は一二二〇―七二（承久二―文永九）。在位は一二四二―四六（仁治三―寛元四）。土御門天皇の皇子。母は源通宗の娘通子。

114　鎮西　九州地方。

九月

1　行　律令制では官職と位階は対応するよう定められていたが、その通りには行われず、官職が位階に対して低いときには「行」と記し、逆のばあいは「守」と記した。

2　年は　原文に具体的な年齢を欠く。

3　切銭　損傷した銭。または銅片を銭貨形にしたもの。民間で通用していた。

4　武蔵大路　鎌倉に所在した大路で、鎌倉と後背地を結ぶ主要な交通路。現、鎌倉市の鶴岡八幡宮赤橋の前から西の亀ヶ谷を通り、仮粧坂を経て深沢を通過し武蔵に向かう道。

5　勘文　先例などを調べて答申する文書。

6　実泰　一二〇八―六三（承元二―弘長三）。北条義時の男。母は藤原朝光の娘（伊賀氏）。金沢流北条氏の祖。初名は実義。

十月

1　天地災変祭　天災地変を祓うために行う陰陽道の祭祀。

2　検断　犯罪人の逮捕・処罰を行うこと。

3　重家　生没年未詳。北条重時の被官。重時の死後に出家。

4　権門　ここでは、有力な庄園領主を指す。

5　守護所　守護が管国内に設けた拠点。守護の居館。

6　本所　重層的に構成されている庄園領主のうち、実質的な領主権を握る存在。

7　能行　?―一二六三（?―弘長三）。藤原頼経・頼嗣の近臣として活躍した。

8　年は　原文に具体的な年齢を欠く。

9　奉書　主人の意を受けて、従者の名で発給された文書。

10　澄円　?—一二六三(?—弘長三)。藤原道家の男。

11　道家　一一九三—一二五二(建久四—建長四)。藤原良経の男。兼実の孫。母は一条能保の娘で、源頼朝の姪。藤原宰子の母は道家の娘。日記『玉蘂』がある。

12　重時　一一九八—一二六一(建久九—弘長元)。北条義時の男。母は比企朝宗の娘。法名観覚。六波羅探題を経て連署となり、弘長元年十一月三日に死去した。

13　極楽寺　現、鎌倉市極楽寺に所在する律宗寺院。北条重時を開基とする。

14　宗観房　生没年未詳。極楽寺の僧。名越氏の一族。

十一月

1　満定　一一九五—一二六三(建久六—弘長三)。清原清定の男。評定衆。

2　千手陀羅尼　千手観音の功徳を説いた呪文を唱える供養。

3　尊家　生没年未詳。藤原顕家の男。日光山別当。

4　延命護摩　金剛薩埵または普賢菩薩を本尊として延命のために修する護摩。

5　尊海　生没年未詳。定玄の男か。興福寺僧。

6　三島社　現、三島大社。伊豆国一宮。静岡県三島市大宮町に所在。

7　三時　昼夜を六時に分けた、晨朝・日中・日没の昼三時と初夜・中夜・後夜の夜三時。

8　政所　鎌倉幕府の政務機関。将軍家の家政や財政、鎌倉中の訴訟などを管轄した。

9　執事　政所の実務を担った上級職員で、伊賀光宗の後は二階堂氏が世襲した。

10　法華護摩　大日如来を本尊として修する護摩。

11　不動護摩　不動明王を本尊として修する護摩。

12　護身　護身法。一切の障害をとり除き、心身を守るために行う祈禱。

13　着帯　女性が妊娠五ヵ月目頃に、胎児を正常な位置に保つため、腹部に帯をしめる儀式。

14　香染　乾燥させた丁子のつぼみを煎じた汁で染めたもの。黄色みを帯びた薄紅色。

15　大童子　寺院で召し使う童子のうちの力者。

16　長世　?―一二六六(?―文永三)。丹波長氏の男。幕府に仕える医師。

17　束帯　平安時代以降の男子の正式な朝服。

18　晴尊　生没年未詳。安倍家氏の男。宿曜師。

19　放光仏　頭部から光を放っているように放射光が表現された仏像。

20　最明寺　現、鎌倉市山ノ内に所在した寺院。北条時頼が創建し、出家して隠棲した。

21　景氏　生没年未詳。尾藤景信の男。得宗被官。

22　光則　生没年未詳。宿屋行時の男。得宗被官。

23　政綱　生没年未詳。武田信政の男。

24　実光　生没年未詳。南部光行の男。

25　時綱　生没年未詳。平盛綱の男。得宗被官。

26　光成　生没年未詳。得宗被官。

27　衣袈裟　僧の着用する法衣。

28　縄床　縄を張ってつくった腰掛。禅僧が用いた。

29　頌　偈頌。仏教では経典や論書のなかに現れる韻文の部分をいい、ときには仏陀や菩薩を讃える詩句をもいう。

30　々々　原文「云々」を吉川本により改めた。

31　権化　仮に人の姿となって現れた仏・菩薩。

32　行氏　一二二一―七一(承久三―文永八)。二階堂基行の男。

33　出仕を停止　幕府の許可を得ずに出家することは自由出家として禁じられていた。

34　房の第三星　さそり座の西部の星。

35　寸　当時の天文道でいう一尺は角距離一度に対応する。したがって一寸はその一〇分の一である六分に相当する。

36　司天　天文道に携わる者。

十二月

1 経任　一二三三—九七(天福元—永仁五)。藤原為経の男。正五位下右少弁、蔵人。後嵯峨院の近臣。
2 亜相　大納言の唐名。
3 若宮大路　鶴岡八幡宮より由比浜に続く大路。
4 呪師勾当辻子　鎌倉の若宮大路と交わる小路。
5 大学辻子　鎌倉の若宮大路と交わる小路。
6 良瑜　一二〇四—六七(元久元—文永四)。藤原良輔の男。母は藤原経家の娘。
7 荏柄社　現、荏柄神社。鎌倉市二階堂荏柄に所在。
8 塔辻　現、鎌倉市小町三丁目付近か。
9 方違　陰陽道の風習。忌むべき方角を避けるため、一時的に別の方角に移ること。
10 二十六日　原文「廿四日」を吉川本により改めた。
11 没日　陰陽道における悪日の一つ。
12 業昌　生没年未詳。安倍道昌の男。幕府に仕える陰陽師。
13 姞子　一二二五—九二(嘉禄元—正応五)。藤原実氏の娘。後嵯峨院中宮。宝治二年院号宣下。
14 閉坏　悪い方角のことか。反閉のことともいう(貞丈雑記)。
15 往亡日　陰陽道で外出・出発・船出・出陣・移転・結婚・元服・建築などに不吉とされた日。各月の節気から一定の日数に当たる日。
16 隆弁　一二〇八—八三(承元二—弘安六)。藤原隆房の男。母は藤原光雅の娘。宝治元年に鶴岡八幡宮別当となり、以後同別当は隆弁の門流が補任された。

吾妻鏡　第五十二

文永二年(一二六五)

正月

1　御所を覆う　日蝕・月蝕は不吉なものとされ、妖光を浴びることを防ぐために天皇・将軍の御所を筵で包むことが行われた。

2　高光　生没年未詳。工藤重光の男。得宗被官。

3　武藤三郎兵衛尉　生没年未詳。

4　宗頼　?―一二七九(?―弘安二)。北条時頼の男。のち周防・長門守護。

5　国景　生没年未詳。鵜沼泰景の男。

6　光範　生没年未詳。伊賀光重の男。

7　茂平　生没年未詳。

8　時盛　一一九七―一二七七(建久八―建治三)。北条時房の男。仁治三年に出家。

9　実尚　生没年未詳。藤原公宣の男。正二位前権中納言。

10　時親　?―一二七三(?―文永一〇)。北条時盛の男。母は基貞の孫(娘とも)。

11　宗政　原文「宗房」を改めた。

12　同七郎　生没年未詳。三浦氏の一族。

13　延暦寺　現、滋賀県大津市坂本本町に所在。延暦七年、最澄の開創。山門とも。広大な寺領と武力を有し、政局にも影響を与えた。

14　園城寺　現、滋賀県大津市に所在。延暦寺を山門と呼ぶのに対し、寺門という。

15　行綱　一二一六―八一(建保四―弘安四)。二階堂行盛の男。文永元年十二月に、この問題に対処するため長井時秀とともに上洛した。

16　評定始　吉日を選んで年始に初めて政務を評定する儀式。

17　時家　生没年未詳。八田知家の男。

18　倫長　一二一〇―七三(承元四―文永一〇)。矢野倫重の男。

19　康有　一二二八―九〇(安貞二―正応三)。三善康連の男。問注所執事。

20　業連　生没年未詳。佐藤業時の男。

21　時元　生没年未詳。二宮朝忠の男。相模の武士土肥氏の一族。時光とも。

22　朝義　生没年未詳。相模の武士波多野氏の一族。

23　時家　生没年未詳。

24　行泰　生没年未詳。

25　泰信　生没年未詳。信濃国の武士海野氏の一族。

26　朝重　生没年未詳。渋谷武重の男。

27　薄香　白茶に少し赤みがかった薄い茶色。

28　上鞠　鞠会で最初に鞠を蹴る人。名誉の役とされた。

29　一足　蹴鞠で一回鞠を蹴る事。

30　内記左衛門尉　生没年未詳。内記祐村の一族か。

31　同兵衛三郎　生没年未詳。内記祐村の一族か。

32　十六人　本文には十四人しか記されていない。

二月

1　忠茂　生没年未詳。丹波長忠の男。幕府に仕える医師。

2　着到　出仕した御家人の名前などを記した帳簿。

3　勘申　年末にその一年の勤務状況などを集計し確認すること。『沙汰未練書』参照。

4　結解　勘定すること。決算。

三月

1　鞠御壺　御壺は中庭の敬称で、ここでは将軍御所の蹴鞠が行われる庭。

2　童舞　子供が演じる舞。

3　師継　一二二二—八一(貞応元—弘安四)。藤原忠経の男。正二位権大納言。

4　顕氏　一二〇七—七四(承元元—文永一一)。藤原顕家の男。非参議従二位。

5　基輔　?—一二八四(?—弘安七)。坊門清親の男。母は高階経仲の娘。非参議従三位。

6　能基　一二二〇—八五(承久二—弘安八)。一条頼氏の男。母は北条時房の娘。
7　信通　生没年未詳。藤原有信の男。正四位下中将。
8　盛長　生没年未詳。藤原長季の男。
9　顕名　?—一二八二(?—弘安五)。藤原顕氏の男。従四位上左少将。
10　具忠　生没年未詳。源通清の男。
11　顕教　?—一三一五(?—正応四)。藤原重氏の男。正五位下侍従。
12　左方舞　主に唐から伝来した舞。
13　三台　雅楽の一。三台塩。天寿楽とも。
14　泔州　雅楽の一。甘州楽とも。左方の平調の四人舞。
15　太平楽　雅楽の一。太食調の四人舞。
16　散手　雅楽の一。太食調の一人舞。
17　陵王　雅楽の一。蘭陵王とも。壱越調の一人舞。
18　乙王　生没年未詳。舞人。
19　夜叉王　生没年未詳。舞人。
20　松若　生没年未詳。舞人。
21　禅王　生没年未詳。舞人。
22　瑠璃王　生没年未詳。舞人。
23　幸王　生没年未詳。舞人。
24　右方舞　主に朝鮮半島から伝来した舞。
25　長保楽　雅楽の一。高麗《こま》壱越調の四人舞。長保年中に編曲されたのでこの名がある。
26　林歌　雅楽の一。高麗平調の四人舞。
27　狛桙　雅楽の一。高麗壱越調の四人舞、または二人舞。
28　貴徳　雅楽の一。高麗壱越調の一人舞。
29　納蘇利　雅楽の一。高麗壱越調の二人舞。
30　万歳　生没年未詳。舞人。
31　金王　生没年未詳。舞人。
32　千手　生没年未詳。舞人。
33　乙鶴　生没年未詳。舞人。
34　金毘羅　生没年未詳。舞人。
35　竹王　生没年未詳。舞人。
36　浅黄色　緑がかった薄い藍色。

37 豆王　生没年未詳。舞人。

38 光氏　一二一八―九〇(建保六―正応三)。中原景康の男。狛近真の猶子。従五位下右近将監。

39 賀殿　雅楽の一。左方の壱越調の四人舞。

40 鎌倉中　特別行政区域としての鎌倉。洛中や府中と対応した表現。

41 保々　洛中の保に倣って鎌倉に設けられた行政区画。

42 仲実　生没年未詳。源成国の男。得宗被官。

43 大町　鎌倉の地名。大町大路と小町大路の交点付近。

44 魚町　鎌倉の地名。魚介類を売買する商業地域であったと考えられる。嘉暦三年六月十一日平宗度譲状(『鎌倉遺文』三〇二七七)に「甘縄魚町」とみえることから、あるいは「甘縄」の内とも。

45 穀町　鎌倉の地名。穀物を売買する商業地域であったと考えられる。

46 須地賀江橋　筋違橋。現、鎌倉市雪ノ下に所在した橋。交通の要衝に位置する商業地域であった。

47 大倉辻　鎌倉の地名。横大路が二階堂大路と六浦道とに分岐する地点付近。

48 彼岸御懺法　彼岸に行う法華懺法。法華懺法は、法華経を読誦して罪を懺悔し、後生を願う法会。

49 結願　法会などの予定日数が終了すること。

50 公寛　一二三五―?(嘉禎元―?)。藤原実直の男。

51 直衣　公卿の日常着。位階相当の位色を用いないのを特色とした。

52 信濃蔵人　生没年未詳。

53 一条局　生没年未詳。源通方の娘。宗尊に仕える女房。

54 尼卿局　生没年未詳。宗尊に仕える女房。

55 下﨟　序列の低い者。

56 局　建物の中を臨時に仕切った居室。

57 匠　ここでは建築などの技術者。

58 熱田・三島社　それぞれ尾張の熱田社・伊豆の三島社を鶴岡八幡宮に勧請した社。

59　出居　寝殿造で主人の居間兼客間。
60　台所　台盤所の略。食事の支度や配膳を行う場所。
61　籠軒　塗り籠めにした軒か。
62　面道　殿舎と殿舎を結ぶために設けられた通路。馬道《めどう》とも。
63　管絃講　音楽を演奏して行う法会。
64　式　法会の際に読誦する文章。仏教音楽としての性格を持っていた。
65　八幡講　八幡講式。八幡神の霊験を讃えた文章からなる。
66　人長　神楽の際の舞人の長。
67　本拍子　神楽の際、先に歌い始める本方《もとかた》の主唱者。
68　末拍子　神楽の際、後に歌い始める末方《すえかた》の主唱者。
69　和琴　弦楽器の一つ。唐琴《からごと》が伝えられるなかで発展をみた六絃の琴。
70　篳篥　雅楽や神楽に用いられる縦笛の一種。
71　大笛　神楽に用いられる横笛。六つの指孔があり、龍笛《りゅうてき》よりも低い音律を奏でる。
72　慈暁　一一九六―一二七二（建久七―文永九）。園城寺僧。鶴岡八幡宮寺僧。
73　南廷　銀のこと。
74　康宗　一二一二―六五（建暦二―文永二）。三善康連の男。初名は康政。

四月

1　都状　陰陽道の祭祀に用いられる祭文の一種。
2　広範　?―一三〇三（?―嘉元元）。藤原茂範の男。
3　良実　一二一六―七〇（建保四―文永七）。藤原道家の男。母は藤原公経の娘掄子。従一位関白。本年閏四月十五日に関白を辞任。

閏四月

1　五大尊合行法　不動明王・降三世明王・軍荼利明王・大威徳明王・金剛夜叉明王を勧請して行う密教の修法。五壇法。

五月

1　実経　一二二三—八四(貞応二—弘安七)。藤原道家の男。母は藤原公経の娘掄子。従一位左大臣。本年閏四月十八日に関白。

2　泉谷　現、鎌倉市扇ガ谷付近。北条長時が開基となった浄光明寺が所在する谷。

3　兼伊　一二一六—?(建保四—?)。藤原伊時の男。頼兼の弟子。

4　房誉　生没年未詳。

5　房盛　生没年未詳。園城寺僧。文永五年二月、隆弁より伝法灌頂を受ける。

6　景弁　一二一四—一三一五(建保二—正和四)。梶原景俊の男。園城寺僧。のち文永十年に鶴岡八幡宮寺の供僧となる。

7　実雅　生没年未詳。園城寺僧。文永五年正月、隆弁より伝法灌頂を受ける。

8　浄昭　生没年未詳。

9　頼弁　生没年未詳。鶴岡八幡宮寺の僧で御殿司の代官などを勤める。

10　盛弁　生没年未詳。

11　兼弁　生没年未詳。

12　賢弁　生没年未詳。園城寺僧。鶴岡八幡宮寺の供僧。

13　弁盛　生没年未詳。

14　兼朝　生没年未詳。

15　信勝　生没年未詳。

16　房朝　生没年未詳。

17　弁誉　生没年未詳。園城寺僧。鶴岡八幡宮寺の供僧。

18　頼意　生没年未詳。あるいは中村範平の男で鶴岡八幡宮寺の供僧の頼意と同一人物か。

19　幹盛　生没年未詳。

20　文親　生没年未詳。惟宗文元の男。幕府に仕える陰陽師。

21　文幸　生没年未詳。惟宗文元の男。皆吉氏を名乗る。

22　右筆　文書などを執筆する書記役。

23　頼経　一二一八―五六(建保六―建長八)。藤原道家の男。母は藤原公経の娘掄子。源実朝が死去したため、承久元年に鎌倉殿として幕府に迎えられ、嘉禄二年正月に将軍宣下。寛元二年、将軍職を子息の頼嗣に譲り、同三年出家、法名は行賀。寛元四年、北条時頼により京都に送還された。

24　武州前史　前武蔵守の唐名。ここでは北条経時。

25　経時　一二二四―四六(元仁元―寛元四)。北条時氏の男。母は安達景盛の娘(松下禅尼)。時頼の兄。仁治三年より幕府の執権。寛元四年に執権職を時頼に譲り出家した。

26　官途　官職のこと。

六月

1　義景　一二一〇―五三(承元四―建長五)。安達景盛の男。従五位上秋田城介。

2　無量寿院　甘縄に所在した安達氏の菩提寺。

3　十種供養　花・香・瓔珞・抹香・塗香など十種のもので諸仏を供養すること。特に写経供養、大法会に行われた。

4　多宝塔　多宝如来を安置した仏塔。

5　被物　賞として与える衣服類。

6　行忠　一二二〇―九〇(承久二―正応三)。二階堂行盛の男。

7　亀谷　鶴岡八幡宮の西方。現、鎌倉市扇ガ谷付近。

8　評定衆　幕府最高の審議・決定機関の構成員。

9　引付衆　鎌倉幕府の裁判・行政機関である引付の構成員。

10　高水右近三郎　生没年未詳。鎌倉幕府の奉行人。

11　為忠　生没年未詳。三善為重の一族か。

12　七瀬御祓　毎月、将軍が罪・穢れをなすりつけた人形を、陰陽師らが七箇所の瀬で水に流した祓の行事。鎌倉幕府が朝廷の行事を取り入れたもの。

13　公仲　?―一三一〇(?―延慶三)。藤原実直の男。

14　家教　生没年未詳。

15　長教　生没年未詳。藤原親家の男。
16　祐教　生没年未詳。安積祐長の一族。
17　定賢　原文「重賢」を吉川本により改めた。
18　泰経　生没年未詳。加藤景経の男。
19　相州　時宗は、本年三月二十八日に相模守を兼任した。

七月

1　山内　現、鎌倉市山ノ内付近。最明寺が所在した。
2　息女　生没年未詳。北条政村の娘。北条宗政の妻室。宗政の死後、浄智寺を創建。
3　定親　?—一二六五(?—文永二)。源通親の男。法印大僧正。定豪より伝法灌頂を受け、寛喜元年六月に鶴岡八幡宮寺別当となる。宝治合戦に連座し帰洛。
4　晴長　生没年未詳。安倍時景の男。幕府に仕える陰陽師。
5　晴秀　生没年未詳。安倍親職の男。幕府に仕える陰陽師。
6　晴憲　生没年未詳。安倍親職の男。幕府に仕える陰陽師。
7　職宗　生没年未詳。安倍晴宗の男。幕府に仕える陰陽師。
8　親定　生没年未詳。安倍有親の男。幕府に仕える陰陽師。親貞とも。
9　萌黄　黄と青との中間色。やや黄色がかった緑色。
10　奴袴　指貫のこと。
11　織物　紋様を織り出した絹の布のこと。
12　蘇芳　紅のやや紫がかった染色。
13　指貫　袴の一種。八幅《やの》のゆるやかで長大な袴。
14　役送　食事などを陪膳に取り次ぐ役。

八月

1　開題　開題供養。新たに書写した経典を供養する法会。
2　口取　牛馬の轡《くつわ》をとる者。

3 講師　法会の際、経論を講説する役の僧。

4 読師　法会の際、経論を読誦する役の僧。

5 霊気祭　病気平癒などを祈願して行う陰陽道の祭祀。

九月

1 服暇　近親者が死んだ時、一定期間喪に服して家に引き籠もること。

2 掄子　一二六五―?（文永二―?）。宗尊の娘。母は藤原兼経の娘宰子。のちに後宇多天皇の妃となる。

3 衣冠　平安中期以降、束帯に次ぐ正装。束帯から下襲《したがさね》と石帯を省き、表袴《うえのはかま》を指貫に替えたもの。活動的な服装として広く用いられた。

4 重衣　黒麻の衣の下に白麻の下襲をつけた法衣。

5 実文　生没年未詳。藤原公宣の男。母は藤原兼光の娘。非参議従三位。

十月

1 円勇　生没年未詳。園城寺僧。隆弁の弟子。鶴岡八幡宮寺の供僧。能書・歌人としても知られた。

2 範忠　生没年未詳。藤原清範の男。後嵯峨院の北面。四位。『続古今和歌集』に一首入集している。勅使として藤原光俊とともに『続古今和歌集』の最終稿を宗尊のもとへ持参した。

3 勅撰集　ここでは正元元年より編纂されていた『続古今和歌集』を指す。本年十二月に奏覧。藤原光俊は後嵯峨院の命により撰者に加わっている。

4 道隆　一二一三―七八（宋・嘉定六―弘安元）。法号は蘭渓。宋の蘭渓邑に生まれて僧となり、無準師範・癡絶道冲らに参じ、淳祐六年（寛元四年、一二四六）門弟らと共に来日。博多・京を経て鎌倉に下向。北条時頼の帰依を受けて建長寺の開山となった。

5 貢馬御覧　将軍が京都に貢納する馬を見る儀式。

6 騰馬　前脚を上げて飛び跳ねる癖のある馬。

7 合田四郎　生没年未詳。

十一月

1　聞書　除目の結果を記した文書。

2　除書　除目で決定された任官とそれに付随する叙位の結果を記した文書。

3　繁氏　生没年未詳。寛元二年十月四日、石見守。信濃国和田郷を本拠とする武士。

4　原宮内左衛門入道西蓮　生没年未詳。信濃国平林郷を本拠とする武士。

5　窪寺左衛門入道光阿　生没年未詳。信濃国窪寺郷を本拠とする武士。

6　諏方部四郎左衛門入道定心　生没年未詳。信濃国御庁《ごちょう》郷を本拠とする武士。

十二月

1　国継　生没年未詳。安倍国道の男。幕府に仕える陰陽師。

2　晴平　生没年未詳。安倍晴賢の男。幕府に仕える陰陽師。

3　晴成　生没年未詳。安倍晴茂の男。幕府に仕える陰陽師。

4　簀子　簀子縁のこと。簀子(角材)を並べて張った濡れ縁。

5　晴隆　生没年未詳。安倍晴秀の男。幕府に仕える陰陽師。

6　客星　新たに見えるようになった星。彗星もしくは新星。

7　晴耀　晴れて輝くこと。

8　丈　当時の天文学で一丈は角距離一〇度に対応する。

9　室宿　二十八宿の一つ。ペガスス座α(アルファ)星・β(ベータ)星。

文永三年(一二六六)

正月

1　辟宿　壁宿。二十八宿の一つ。ペガスス座のγ

（ガンマ）星付近の星宿。

2　守海　一二〇五―六六（元永二―文永三）。源守通の男。醍醐寺僧。成賢・憲深より伝法灌頂を受ける。

3　師重　生没年未詳。

4　堤又四郎　生没年未詳。

5　金剛童子法　金剛童子を本尊として祈禱する除災・延命の修法。

6　尊星王法　北斗七星の本地である妙見菩薩を本尊として行う密教の修法。

7　伊達蔵人大夫　生没年未詳。

8　属星祭　攘災招福のために属星を祀る陰陽道の祭祀。属星はその人を支配すると考えられていた星。

9　池伊賀前司　生没年未詳。

10　蚊触　皮膚に刺激を受けて生じる急性の炎症。

11　常陸前司　生没年未詳。

12　惟康　文永元―嘉暦元（一二六四―一三二六）。宗尊の男。母は藤原兼経の娘宰子。文永三年七月に将軍宣下。

13　魚味　魚味始。誕生後はじめて魚肉などの食物を食べさせる儀式。平安時代には、生まれてから約二十ヵ月目に行われた。

14　佐々目谷　現、鎌倉市笹目、長楽寺ヶ谷の北方、御成中学校の西麓の谷。北条経時の墳墓が所在した。

二月

1　政頼　生没年未詳。北条時頼の男。

2　朝房　生没年未詳。伊賀氏の一族。

3　定康　生没年未詳。中島義泰の男。母は荒木田氏良の娘。

4　広廂　寝殿造りで、孫廂の部分。吹き放ちで、母屋・廂より床が一段低い。弘廂（庇）とも。

5　仲光　生没年未詳。安倍為親の男。幕府に仕える陰陽師。

三月

1　問注所　幕府の裁判機関。引付設置などにより、管轄は雑務関係と訴訟の受理に限定された。

2　訴状　原告が提出する訴えの文書。

3　陳状　被告が訴えの内容に反論する文書。

4　奏事　訴訟を上奏すること。

5　日参　参仕する日のこと。

6　文士　京都から鎌倉に下った下級官人やその子孫。主に文筆の技能で幕政を補佐した。

7　妻室　生没年未詳。北条政村の娘。

8　五十日・百日　子供が生まれて百十日目頃に、五十日の祝いと百日の祝いとを合わせて行う儀式。

9　以前より　『中世法制史料集』一、鎌倉幕府追加法一三三参照。

10　某殿　この文書は諸国の守護に宛てて出されたもので、文書の原本には某の部分にそれぞれの守護の名が記されていた。

11　宗教　一二〇一—八二(建仁元—弘安五)。藤原宗長の男。蹴鞠の家。

12　勘状　先例などを調査して、その結果を書き記した文書。

13　上括　指貫の裾は、通常は足首でゆるやかにしぼって括る(下括《げ》という)が、非常時などに歩行しやすいよう膝の下で括り結ぶのを上括という。

14　淳和　七八六—八四〇(延暦五—承和七)。在位八二三—三三(弘仁一四—天長一〇)。桓武天皇の皇子。母は藤原百川の娘旅子。

15　後白河　一一二七—九二(大治二—建久三)。在位一一五五—五八(久寿二—保元三)。鳥羽天皇の皇子。母は藤原公実の娘璋子(待賢門院)。

16　康頼　生没年未詳。中原頼季の男。検非違使に任官し、平判官と称す。後白河の近臣らによる鹿ヶ谷の謀議に加わり、鬼界ヶ島に配流されたが、翌年赦免された。

17　信房　生没年未詳。検非違使。左衛門尉。鹿ヶ谷の謀議により、治承元年六月に解任され、阿波国に流された。

18　成親　一一三八—七七(保延四—治承元)。藤原家

成の男。母は藤原経忠の娘。後白河の側近。鹿ヶ谷の謀議により捕えられ、備前国に配流となり、殺害された。

19　知康　生没年未詳。平知親の男。鼓の名手で、鼓判官と称された。後白河の近習。将軍源頼家に蹴鞠で仕えた。頼家の死後、上洛し出家した。

20　光経　?―一一八四(?―寿永三)。源光長の男。美濃源氏の武士。法住寺合戦では、父と共に後白河に参じて義仲と戦い、討ち取られた。

21　義仲　一一五四―八四(久寿元―寿永三)。源義賢の男。以仁王の令旨を得て平氏追討のため信濃国で挙兵し、上洛したものの、源範頼・義経に攻められ、近江国粟津で討たれた。

22　順徳　一一九七―一二四二(建久八―仁治三)。在位一二一〇―二一(承元四―承久三)。後鳥羽天皇の皇子。母は藤原範季の娘重子(修明門院)。

23　康光　生没年未詳。検非違使。左衛門少尉。順徳の近臣。

24　宗仲　生没年未詳。後鳥羽の近臣。

25　後鳥羽　一一八〇―一二三九(治承四―延応元)。在位一一八三―九八(寿永二―建久九)。高倉天皇の皇子。母は坊門信隆の娘殖子(七条院)。

26　熊野山　紀伊半島南部の霊地。本宮・新宮・那智の熊野三社を中心とする。

27　靭負佐　衛門佐の別称。

28　後堀河　一二一二―三四(建暦二―天福二)。在位一二二一―三二(承久三―貞永元)。守貞親王(後高倉院)の皇子。母は藤原基家の娘陳子(北白河院)。

29　繁茂　生没年未詳。平信繁の男。検非違使。左衛門少尉。

30　行綱　生没年未詳。検非違使。左衛門少尉。

31　竴子　一二〇九―三三(承元元―天福元)。藤原道家の娘。母は藤原公経の娘掄子。頼経の同母姉。寛喜元年、後堀河天皇に入内し、女御を経て同二年に中宮。天福元年に院号宣下(藻璧門院)。同年に皇子を出産した際に死去した。

32 四条　一二三一—四二(寛喜三—仁治三)。在位一二三二—四二(貞永元—仁治三)。後堀河天皇の皇子。母は藤原道家の娘竴子(藻璧門院)。

33 光業　生没年未詳。

34 行親　生没年未詳。検非違使。左衛門少尉。

35 行盛　生没年未詳。中原行親の男。

36 淑子　一一九二—一二五一(建久三—建長三)。藤原公経の娘。藤原道家の妻室。法性寺准后。掄子と同一人物とも。准后は太皇太后・皇太后・皇后の三后(三宮)に准じる待遇を許された者。准三宮・准三后とも。

37 知親　生没年未詳。

38 辺境で反乱が起こった　ここでは宝治合戦を指す。

39 禅恵　生没年未詳。

40 時親　原文「時範」を吉川本により改めた。

41 風流　装飾をほどこした棚。風流棚。

四月

1 蛭飼　蛭に血を吸い取らせて腫れものなどを治療すること。

2 長門国一宮　現、山口県下関市一の宮住吉所在の住吉神社。

3 神人　神社に奉仕する下級の神職。

4 寄沙汰　第三者に訴訟を委託して有利に展開しようとすること。

5 資平　生没年未詳。長門国の守護代。二階堂行忠の守護代として長門に赴いた。

6 式目　貞永式目。貞永元年に制定された鎌倉幕府の基本法典。五十一箇条からなる。

7 国検非違使　国内の犯罪の取締りのために置かれた国衙の役職。

8 甲乙人　一般庶民。雑人。

9 比企谷　現、鎌倉市大町付近。源頼朝の乳母比企禅尼や比企能員ら一族の居館があったことに由来する地名。

10 飛礫　小石を投げること。投げられた小石。祝祭的な意味や世情への批判の意味をもち、祭礼や強訴には神輿と飛礫がしばしば伴った。

11　執権の時　北条泰時が執権を勤めていた寛喜三年四月二十一日、幕府は、洛中の諸社の祭礼での飛礫から刃傷・殺害が起こることについて審議し、飛礫は禁止しないが武芸は禁止するとしている。『中世法制史料集』一、鎌倉幕府追加法二八、『吾妻鏡』同日条参照。

五月

1　範乗　生没年未詳。藤原範宗の男か。

六月

1　鬼宿　鬼宿日。婚礼以外には大吉とされた。鬼宿は二十八宿の一つ。かに座θ(シータ)星など四つの星からなる。

2　盛経　生没年未詳。諏訪盛重の男。得宗被官。

七月

1　小具足　鎧の付属具である籠手《こて》・臑当《すねあて》・脇楯《わいだて》などのこと。

2　五諸侯の第三星　五諸侯は、二十八宿の一つ井宿《せいしゅく》にあるという星官の一つ。帝師・帝友・三公・博士・太史の五つ。ふたご座の一部。

3　行章　一二三五—七四(嘉禎元—文永一一)。二階堂行方の男。母は佐々木信綱の娘。

4　薬師堂谷　現、鎌倉市二階堂。大倉薬師堂の付近。

5　塔辻　現、鎌倉市小町三丁目付近か。

6　東郷八郎入道　生没年未詳。

7　中書　中務省の唐名。ここでは中務権大輔の教時を指す。

8　佐介　佐介谷《さすけがやつ》。現、鎌倉市の鎌倉駅西方、源氏山の南西にある谷。

9　女房輿　女房が用いる輿。

10　顕実　?—弘安二(?—一二七九)。源顕方の男。母は藤原親季の娘。

11　具忠　生没年未詳。源具顕の男。
12　季教　生没年未詳。藤原親家の男。
13　別当局　生没年未詳。宗尊に仕える女房。
14　兵衛督局　生没年未詳。宗尊に仕える女房。
15　尼右衛門督局　生没年未詳。宗尊に仕える女房。
16　赤橋　鶴岡八幡宮三の鳥居近くの橋。
17　若宮　ここでは鶴岡八幡宮全体の称。
18　篤時　生没年未詳。名越時章の男。
19　小山四郎　生没年未詳。下野国の武士小山氏の一族か。
20　和泉藤内左衛門尉　生没年未詳。
21　景泰　生没年未詳。武藤景頼の男。
22　民部卿局　生没年未詳。宗尊に仕える女房。
23　小宰相局　生没年未詳。藤原家隆の一族。宗尊に仕える女房。
24　侍従局　生没年未詳。宗尊に仕える女房。
25　越後　生没年未詳。宗尊に仕える女房。
26　加賀　生没年未詳。宗尊に仕える女房。
27　但馬　生没年未詳。宗尊に仕える女房。
28　春日　生没年未詳。宗尊に仕える女房。

付録

干支表

①甲子《きのえね》《カッシ》	②乙丑《きのとうし》《イッチュウ》	③丙寅《ひのえとら》《ヘイイン》	④丁卯《ひのとう》《テイボウ》	⑤戊辰《つちのえたつ》《ボシン》	⑥己巳《つちのとみ》《キシ》	⑦庚午《かのえうま》《コウゴ》	⑧辛未《かのとひつじ》《シンビ》	⑨壬申《みずのえさる》《ジンシン》	⑩癸酉《みずのととり》《キユウ》
⑪甲戌《きのえいぬ》《コウジュツ》	⑫乙亥《きのとい》《イツガイ》	⑬丙子《ひのえね》《ヘイシ》	⑭丁丑《ひのとうし》《テイチュウ》	⑮戊寅《つちのえとら》《ボイン》	⑯己卯《つちのとう》《キボウ》	⑰庚辰《かのえたつ》《コウシン》	⑱辛巳《かのとみ》《シンシ》	⑲壬午《みずのえうま》《ジンゴ》	⑳癸未《みずのとひつじ》《キビ》
㉑甲申《きのえさる》《コウシン》	㉒乙酉《きのととり》《イツユウ》	㉓丙戌《ひのえいぬ》《ヘイジュツ》	㉔丁亥《ひのとい》《テイガイ》	㉕戊子《つちのえね》《ボシ》	㉖己丑《つちのとうし》《キチュウ》	㉗庚寅《かのえとら》《コウイン》	㉘辛卯《かのとう》《シンボウ》	㉙壬辰《みずのえたつ》《ジンシン》	㉚癸巳《みずのとみ》《キシ》
㉛甲午《きのえうま》《コウゴ》	㉜乙未《きのとひつじ》《イツビ》	㉝丙申《ひのえさる》《ヘイシン》	㉞丁酉《ひのととり》《テイユウ》	㉟戊戌《つちのえいぬ》《ボジュツ》	㊱己亥《つちのとい》《キガイ》	㊲庚子《かのえね》《コウシ》	㊳辛丑《かのとうし》《シンチュウ》	㊴壬寅《みずのえとら》《ジンイン》	㊵癸卯《みずのとう》《キボウ》
㊶甲辰《きのえたつ》《コウシン》	㊷乙巳《きのとみ》《イッシ》	㊸丙午《ひのえうま》《ヘイゴ》	㊹丁未《ひのとひつじ》《テイビ》	㊺戊申《つちのえさる》《ボシン》	㊻己酉《つちのととり》《キユウ》	㊼庚戌《かのえいぬ》《コウジュツ》	㊽辛亥《かのとい》《シンガイ》	㊾壬子《みずのえね》《ジンシ》	㊿癸丑《みずのとうし》《キチュウ》
51甲寅《きのえとら》《コウイン》	52乙卯《きのとう》《イツボウ》	53丙辰《ひのえたつ》《ヘイシン》	54丁巳《ひのとみ》《テイシ》	55戊午《つちのえうま》《ボゴ》	56己未《つちのとひつじ》《キビ》	57庚申《かのえさる》《コウシン》	58辛酉《かのととり》《シンユウ》	59壬戌《みずのえいぬ》《ジンジュツ》	60癸亥《みずのとい》《キガイ》

*番号は干支の順番。ひらがなは訓読み、カタカナは音読み。訓読みは、古くは「乙＝きのとの」「丁＝ひのとの」「己＝つちのとの」「辛＝かのとの」「癸＝みずのとの」のように、「○○のと」はさらに「の」を加え「○○のとの」と読んだ。

時刻表

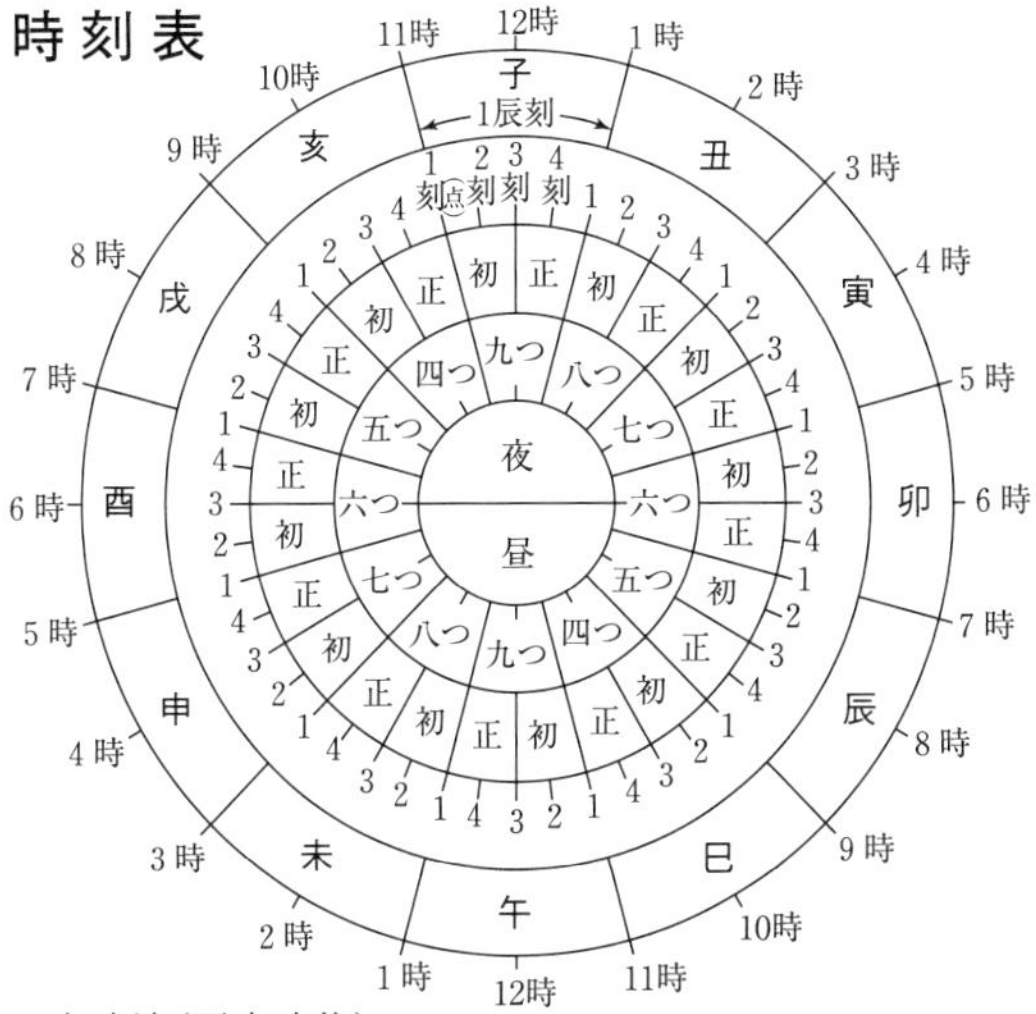

＊定時法(平安時代)

方位

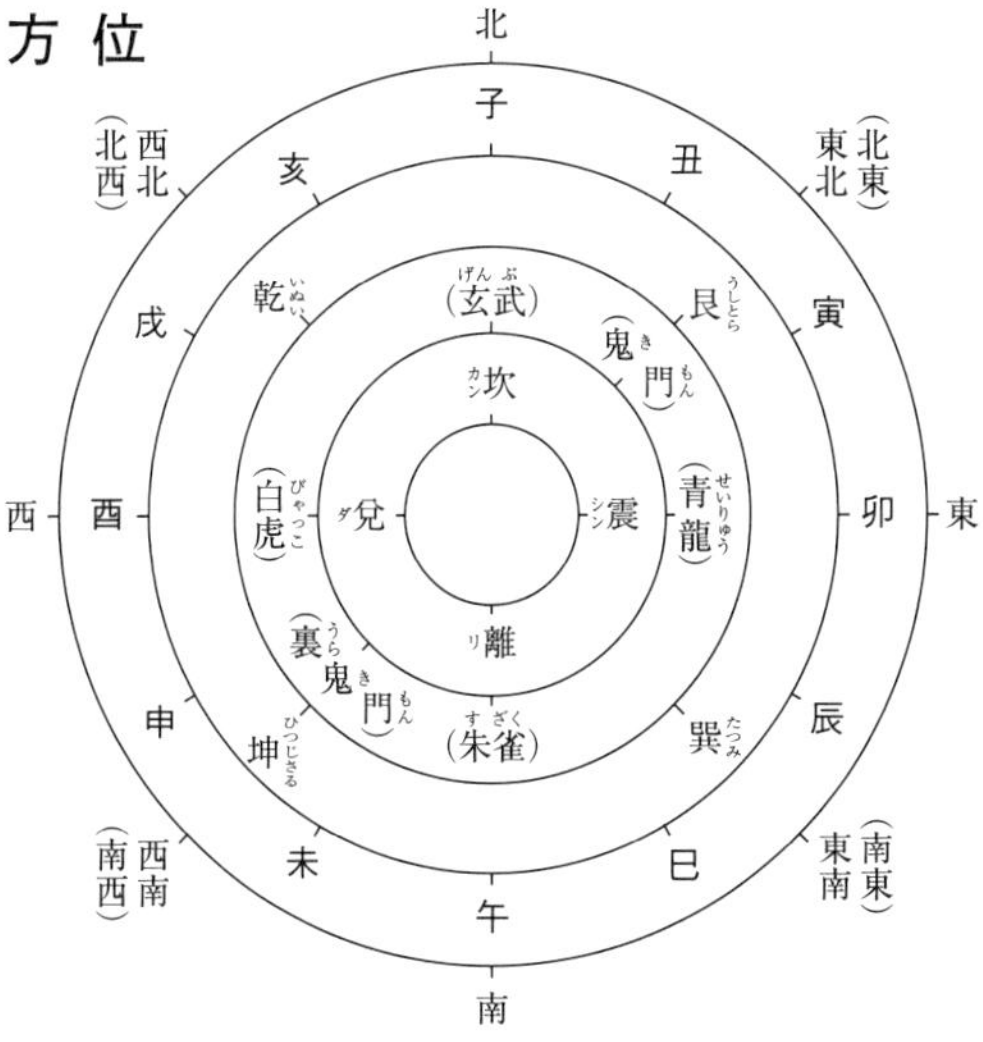

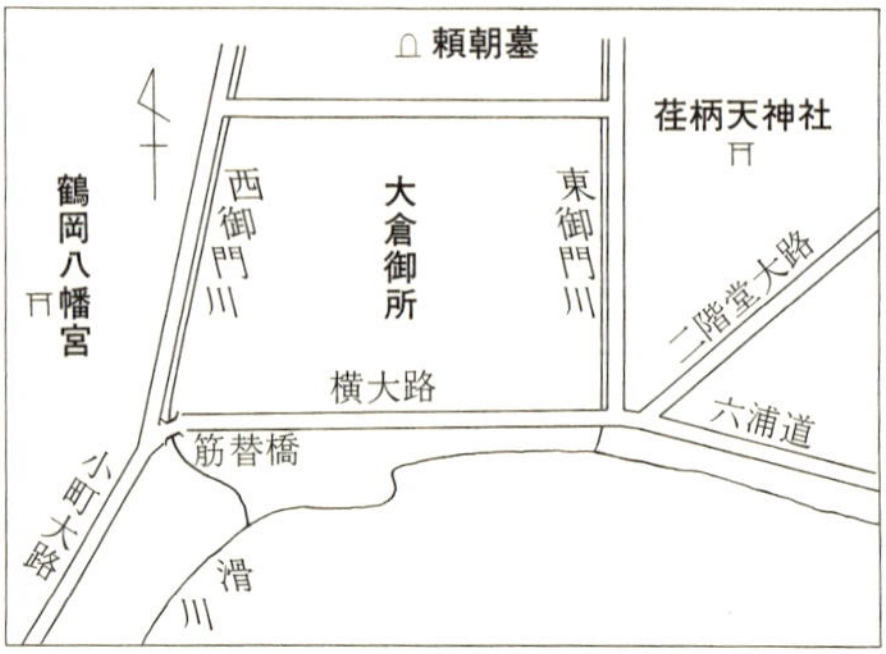

大倉御所概念図

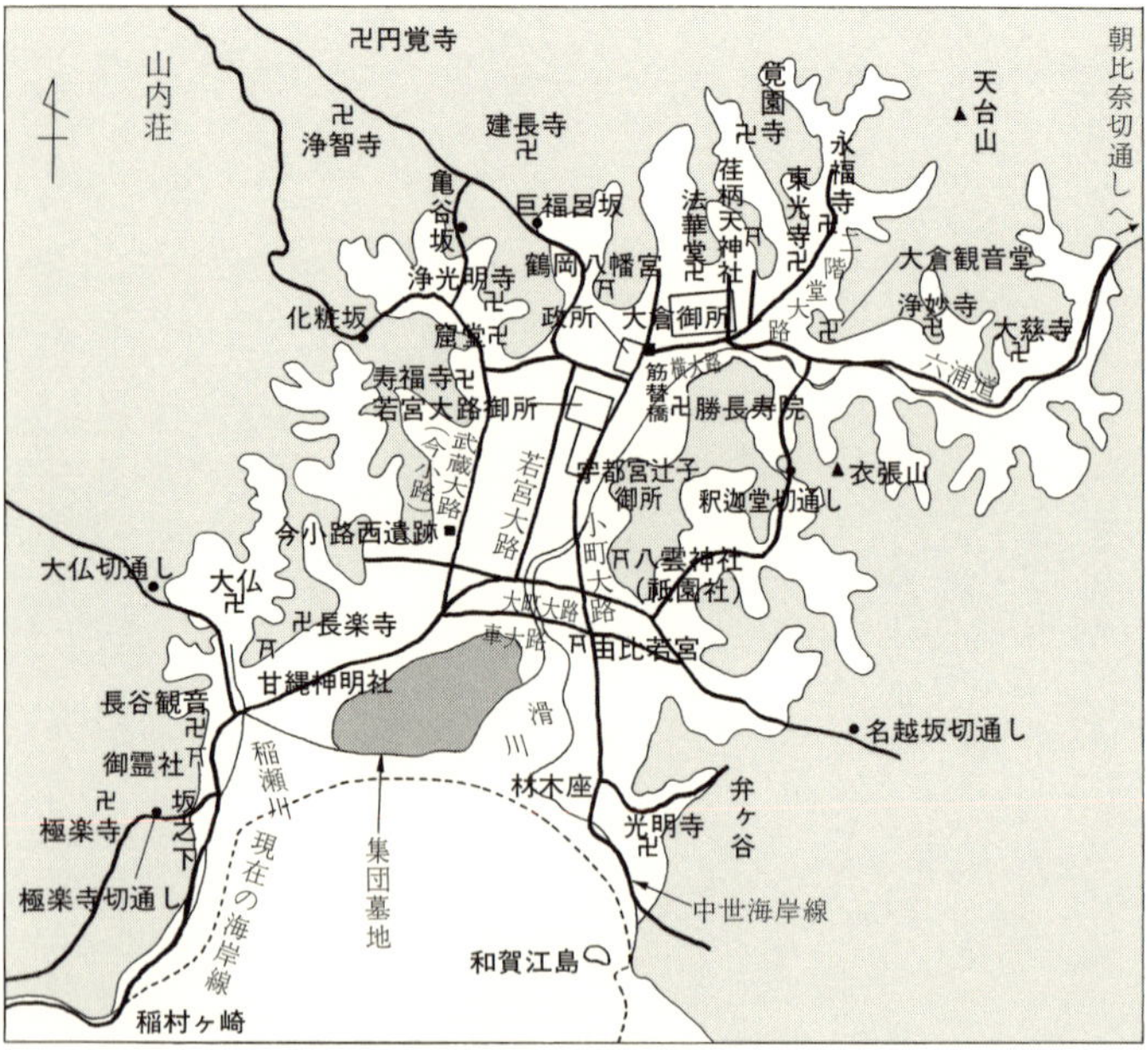

鎌倉時代の鎌倉

*ともに高橋慎一朗『武家の古都、鎌倉』による.

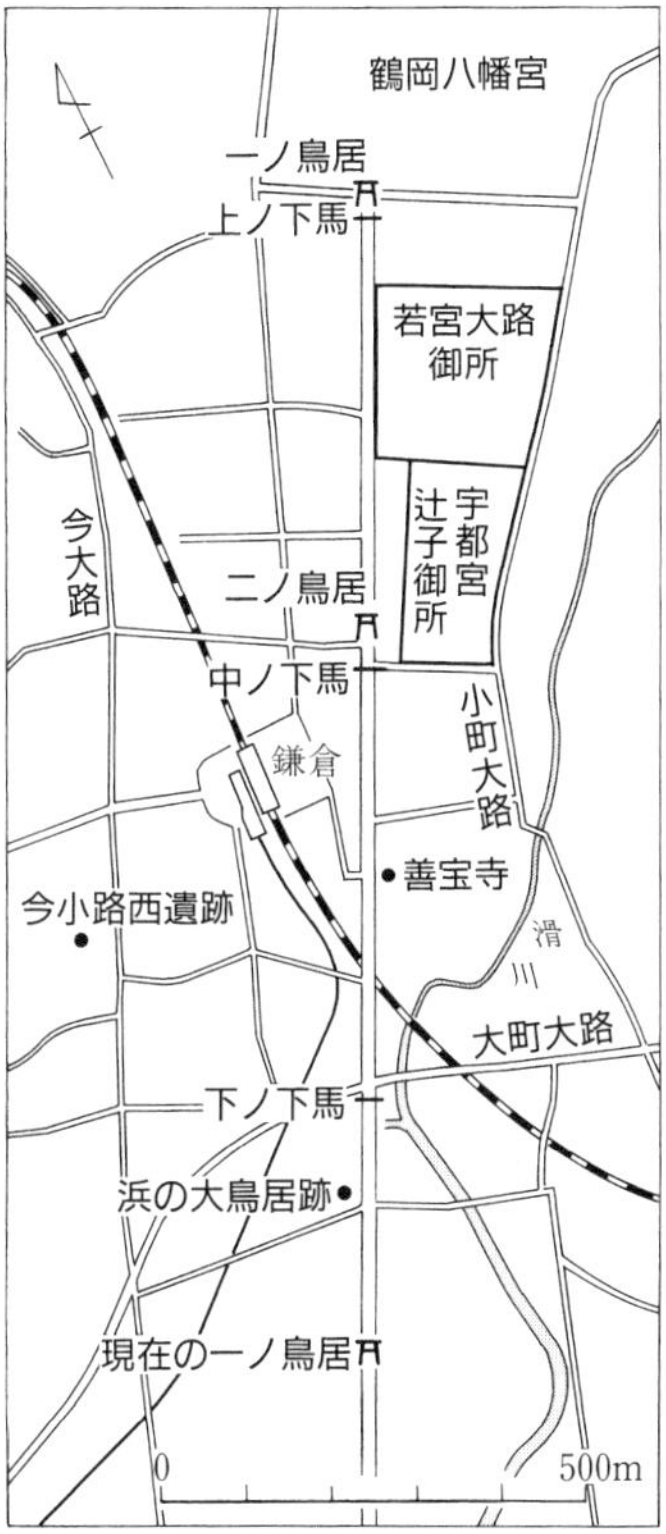

若宮大路周辺図

＊高橋慎一朗『武家の古都、鎌倉』による.

天皇家系図

＊数字は即位の順

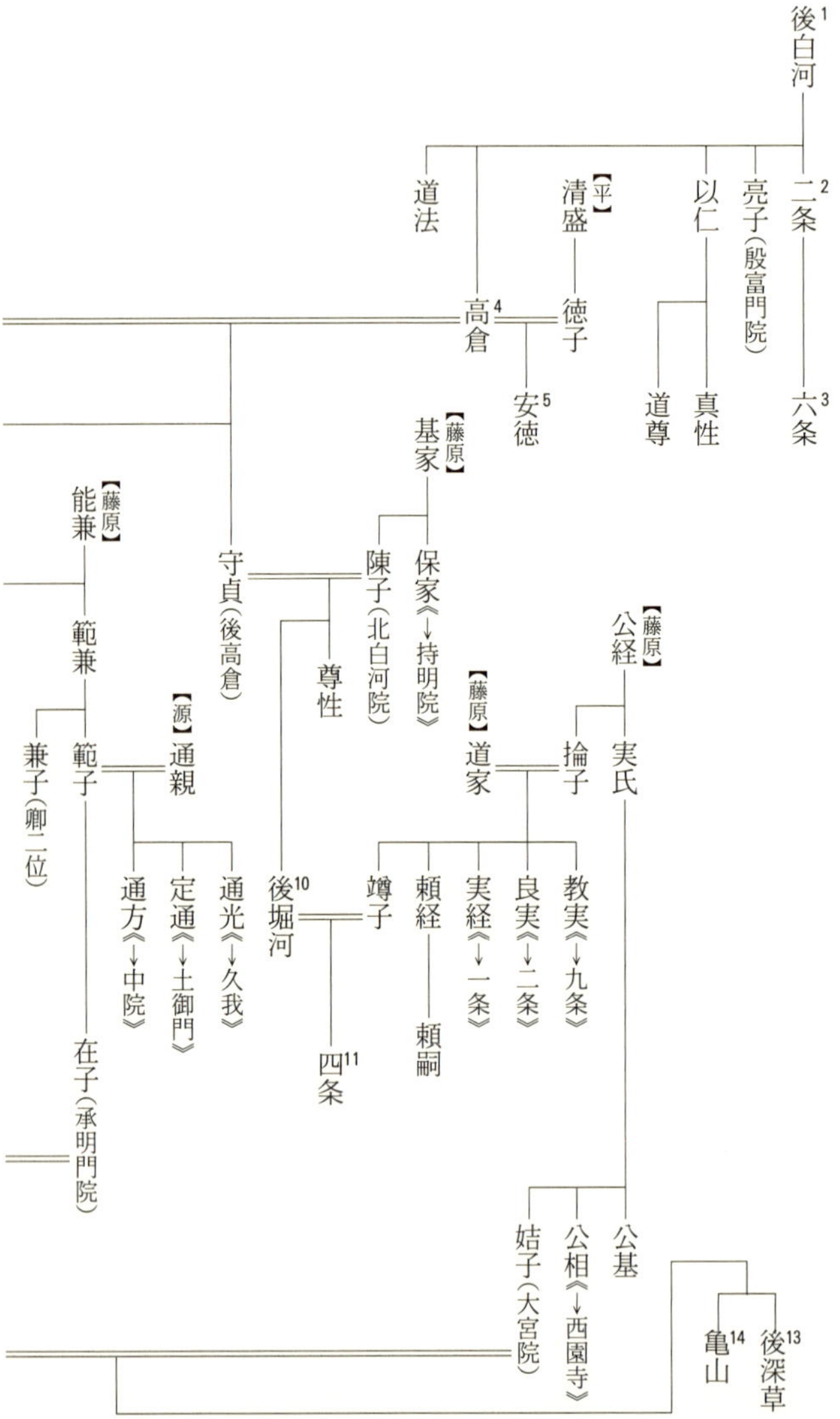

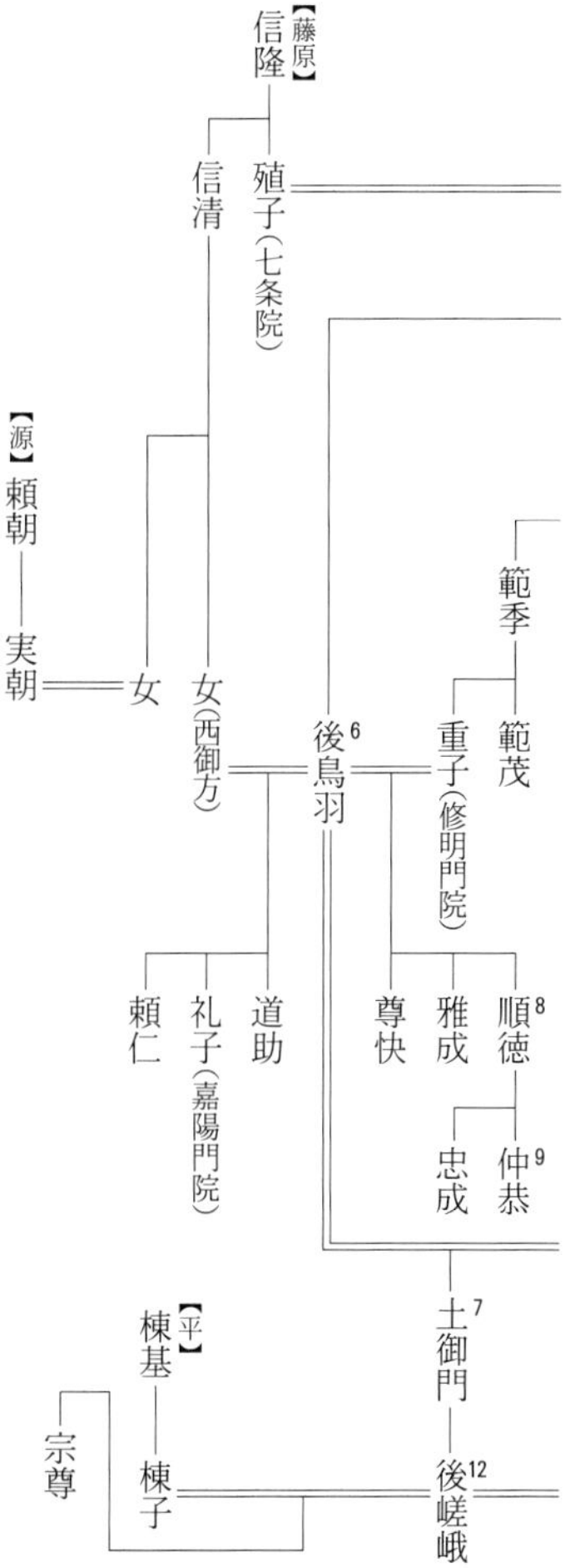
【藤原】
信隆
殖子(七条院)
信清
【源】
頼朝
実朝
女
女(西御方)
後鳥羽 6
範季
範茂
重子(修明門院)
頼仁
礼子(嘉陽門院)
道助
尊快
雅成
順徳 8
忠成
仲恭 9
土御門 7
【平】
棟基
宗尊
棟子
後嵯峨 12

鎌倉将軍家系図

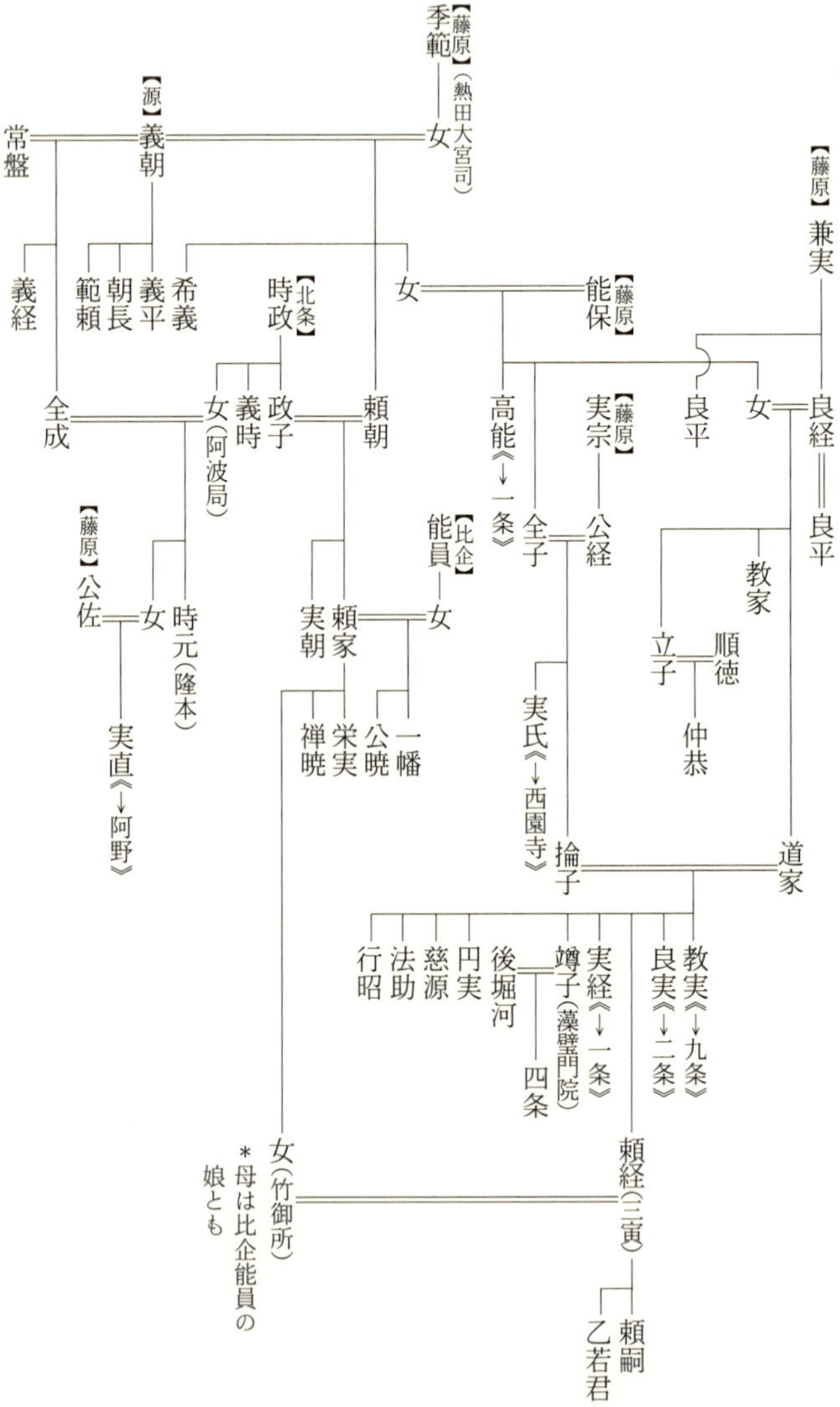
【藤原】兼実
良経
良平
女
良平
教家
順徳
立子
仲恭
道家
【藤原】能保
女
高能《→一条》
全子
【藤原】実宗
公経
実氏《→西園寺》
掄子
教実《→九条》
良実《→二条》
実経《→一条》
竴子(藻璧門院)
後堀河
四条
円実
慈源
法助
行昭
頼経(三寅)
頼嗣
乙若君
【藤原】季範
(熱田大宮司)
女
【源】義朝
常盤
義経
全成
範頼
朝長
義平
希義
頼朝
【北条】時政
政子
義時
女(阿波局)
時元(隆本)
女
【藤原】公佐
実直《→阿野》
【比企】能員
女
頼家
実朝
一幡
公暁
栄実
禅暁
女(竹御所)
＊母は比企能員の娘とも

北条氏系図

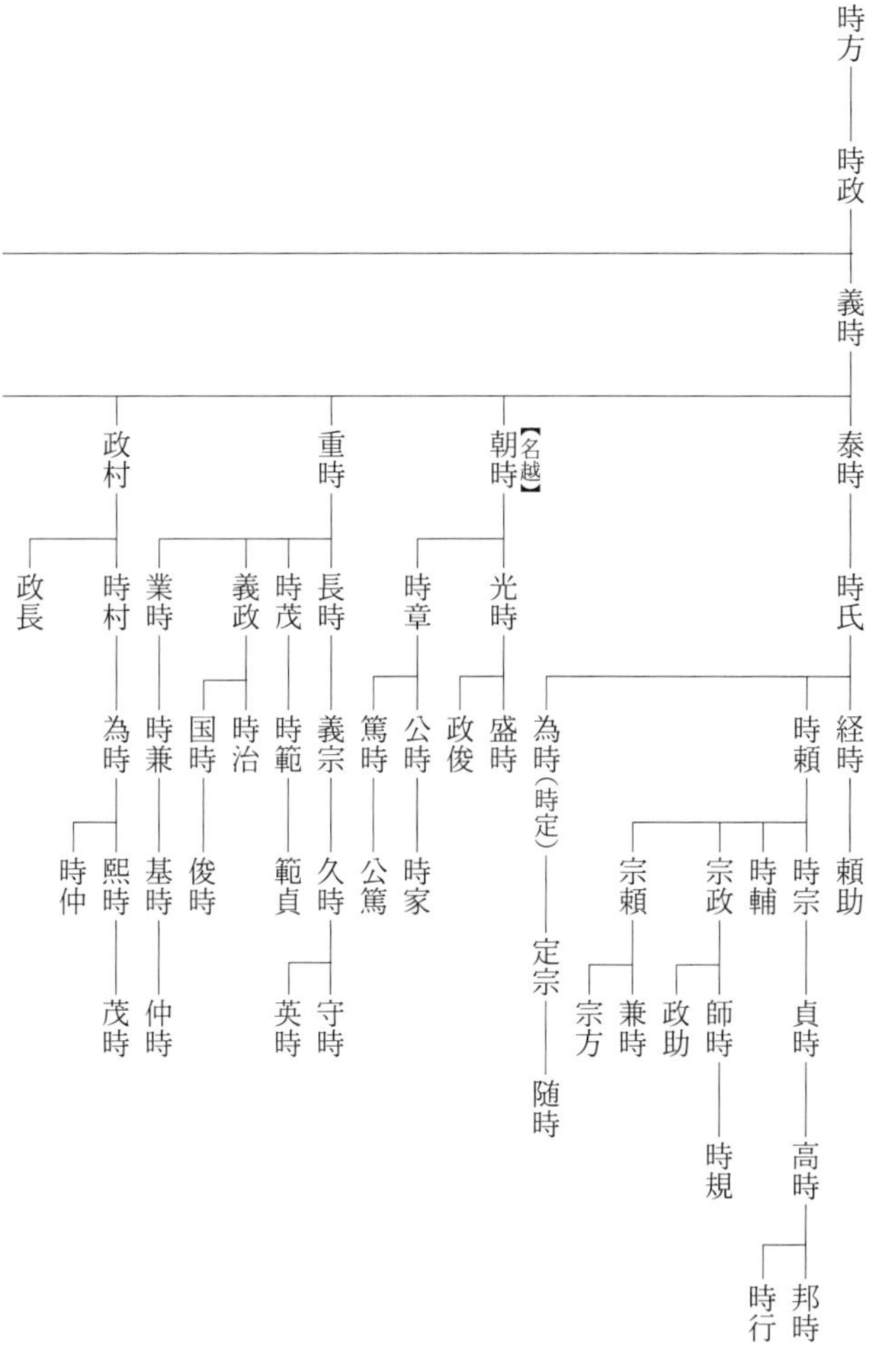
時方
時政
義時
泰時
時氏
経時
頼助
時頼
時宗
貞時
高時
邦時
時行
時輔
宗政
師時
時規
政助
宗頼
兼時
宗方
為時(時定)
定宗
随時
朝時【名越】
光時
盛時
政俊
時章
公時
時家
篤時
公篤
重時
長時
義宗
久時
守時
英時
時茂
時範
範貞
義政
時治
国時
俊時
業時
時兼
基時
仲時
政村
時村
為時
熙時
茂時
時仲
政長

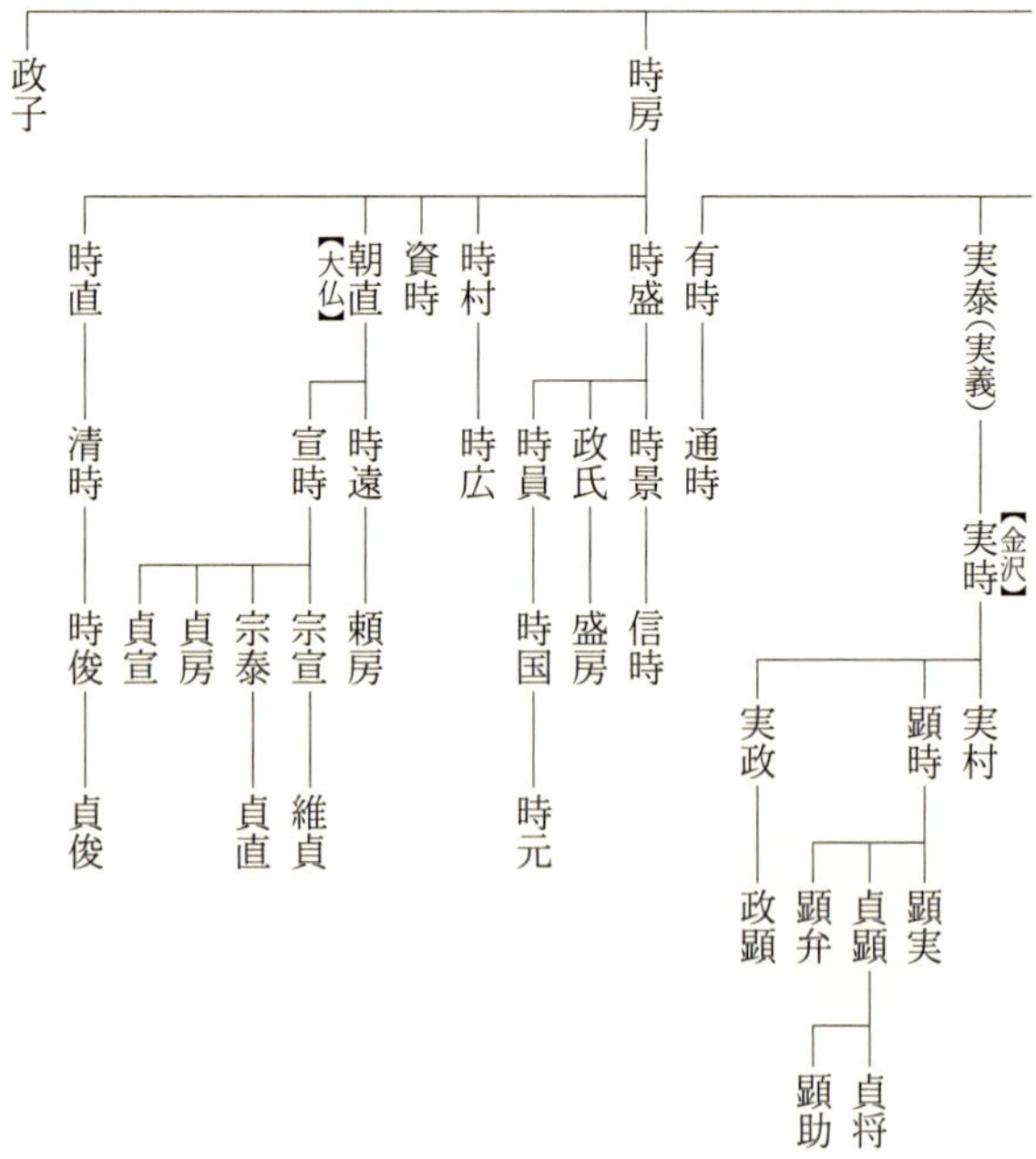
時房
政子
実泰(実義)
【金沢】実時
実村
顕時
実政
顕実
貞顕
顕弁
政顕
貞将
顕助
有時
通時
時盛
時景
政氏
時員
信時
盛房
時国
時元
時村
時広
資時
【大仏】朝直
時遠
宣時
頼房
宗宣
宗泰
貞房
貞宣
維貞
貞直
時直
清時
時俊
貞俊

あとがき

二〇〇七年十一月に第一巻「頼朝の挙兵」が発刊されてから、八年の歳月を経てここに最終巻「将軍追放」が成った。この訳業に取り組むようになった契機は、『吾妻鏡』に関する研究についての科学研究費の申請にあり、その研究を進めるなかで出版の話が出たのである。

当初はあまり乗り気ではなかったが、第一には『吾妻鏡』の魅力を多くの人に知って欲しく、第二に文献史学に隣接する美術史学や考古学の研究者の要請にこたえるべく、そして第三には歴史研究者に部分的ではなく通しで読んでもらいたい、ということから始めた。

しかし発刊にこぎつけるまでに多くの課題があった。原本がないので、どんな写本を使用するのかという基本的問題に始まり、どのような訳文とするのか、明らかな本文の誤りや錯簡、偽文書などをどう処理すべきか、多様な解釈が可能な場合にはどう取り扱うべきかなど、幾多の問題を抱えての出発となった。

これらの課題については、広く流布する北条本を底本にした『新訂増補国史大系　吾妻鏡』を用いること、訳文はくだけすぎず、本文をどう解釈したのかがわかるようにつとめることとし、本文の誤りや錯簡、偽文書が明らかな場合は、注で指摘するなどして処理することとした。多様な解釈については注で触れていてはきりがないので、解釈については一つに絞ることで進めることにした。

しかしすぐに困ったのが幕府と朝廷との外交交渉的文書の解釈である。こうした文書をそのまま訳すと、言外に意味する所を伝えられなくなってしまう。だが表現に工夫をこらすことで何とかそれを乗り切ると、次に控えていたのが多数の武士の交名であった。

それが頻出し、どこの出身の武士かを探る作業が困難を極めた。そのことや、しだいに訳文も定まってきて注の作業の比重が高まるようになったため、これまでの本郷和人・五味の二人を中心とする編集体制から、西田友広を加えた三人の編集体制をとるようにした。それからというもの西田・遠藤珠紀・杉山巖の三人が機動力を発揮することで今日に至ったのである。

最後に完成にこぎつけるまでに惜しみなく応援をされてこられた読者には深く感謝したい。とても大きな励みとなりました。出版を粘り強く勧め、進めてこられた吉川弘文館の編集部にはこの場を借りて、ありがとうと言わせてもらう。なおさらに別巻を用意し、読者の『吾妻鏡』の利用の便宜に供することにしたので。こちらもご一読をお願いする。

二〇一五年九月

編集・訳者代表　五味文彦

『現代語訳吾妻鏡』1〜16　担当者

1
頼朝の挙兵　五味文彦・本郷和人編
吾妻鏡第一・二
　治承四年(一一八〇)〜寿永元年(一一八二)
(編集)五味文彦・本郷和人・高橋慎一朗・杉山巖
(現代語訳)秋山哲雄・杉山巖・小野貴士・西田友広
はしがき　編者
『吾妻鏡』とその特徴　五味文彦
『現代語訳吾妻鏡』の底本について　井上　聡
本巻の政治情勢　本郷和人
(二〇〇七年十一月十日発行)

2
平氏滅亡　五味文彦・本郷和人編
吾妻鏡第三〜五
　元暦元年(一一八四)〜文治元年(一一八五)
(編集)五味文彦・本郷和人・高橋慎一朗・杉山巖
(現代語訳)細川重男・落合義明・児嶋貴行・杉山巖・
　遠藤珠紀
本巻の政治情勢　本郷和人
(二〇〇八年三月一日発行)

3
幕府と朝廷　五味文彦・本郷和人編
吾妻鏡第六・七
　文治二年(一一八六)〜文治三年(一一八七)
(編集)五味文彦・本郷和人・遠藤珠紀・杉山巖・
　西田友広
(現代語訳)高橋慎一朗・角田朋彦・細川重男・落合
　義明・杉山巖・佐藤雄基
本巻の政治情勢　杉山　巖
(二〇〇八年六月二十日発行)

4 奥州合戦　五味文彦・本郷和人編
吾妻鏡第八・九
文治四年(一一八八)~文治五年(一一八九)
(編集)五味文彦・本郷和人・遠藤珠紀・杉山巖・西田友広
(現代語訳)磯川いづみ・桃崎有一郎・今野慶信
本巻の政治情勢　西田友広
(二〇〇八年九月二十日発行)

5 征夷大将軍　五味文彦・本郷和人編
吾妻鏡第十~十二
建久元年(一一九〇)~建久三年(一一九二)
(編集)五味文彦・本郷和人・遠藤珠紀・杉山巖・西田友広
(現代語訳)小野貴士・喜多泰史・西田友広・田中奈保・尹漢湧
本巻の政治情勢　西田友広
(二〇〇九年三月十日発行)

6 富士の巻狩　五味文彦・本郷和人編
吾妻鏡第十三~十六
建久四年(一一九三)~正治二年(一二〇〇)
(編集)五味文彦・本郷和人・遠藤珠紀・杉山巖・西田友広
(現代語訳)遠藤珠紀・児嶋貴行・本郷和人
本巻の政治情勢　杉山　巖
(二〇〇九年六月十日発行)

7 頼家と実朝　五味文彦・本郷和人編
吾妻鏡第十七~二十一
建仁元年(一二〇一)~建保元年(一二一三)
(編集)五味文彦・本郷和人・遠藤珠紀・杉山巖・西田友広
(現代語訳)十河靖晃・落合義明・熊坂友雅・佐藤雄基
本巻の政治情勢　本郷和人
(二〇〇九年十一月十日発行)

8
承久の乱　五味文彦・本郷和人編
吾妻鏡第二十二〜二十五
建保二年（一二一四）〜承久三年（一二二一）
（編集）五味文彦・本郷和人・遠藤珠紀・杉山巖・西田友広
（現代語訳）赤澤春彦・桃崎有一郎・工藤浩台・今野慶信
本巻の政治情勢　杉山　巖
（二〇一〇年四月十日発行）

9
執権政治　五味文彦・本郷和人・西田友広編
吾妻鏡第二十六・二十七
貞応元年（一二二二）〜寛喜二年（一二三〇）
（編集）五味文彦・本郷和人・西田友広・遠藤珠紀・杉山巖
（現代語訳）西田友広・田中奈保・喜多泰史・尹漢湧
本巻の政治情勢　西田友広
（二〇一〇年十一月十日発行）

10
御成敗式目　五味文彦・本郷和人・西田友広編
吾妻鏡第二十八〜三十一
寛喜三年（一二三一）〜嘉禎三年（一二三七）
（編集）五味文彦・本郷和人・西田友広・遠藤珠紀・杉山巖
（現代語訳）杉山巖・遠藤珠紀
本巻の政治情勢　西田友広
（二〇一一年五月十日発行）

11
将軍と執権　五味文彦・本郷和人・西田友広編
吾妻鏡第三十二〜三十五
暦仁元年（一二三八）〜寛元二年（一二四四）
（編集）五味文彦・本郷和人・西田友広・遠藤珠紀・杉山巖
（現代語訳）佐藤雄基・野村朋弘・落合義明
本巻の政治情勢　杉山　巖
（二〇一二年二月十日発行）

12 宝治合戦　五味文彦・本郷和人・西田友広編
吾妻鏡第三十六〜三十九
寛元二年(一二四四)〜宝治二年(一二四八)
(編集)五味文彦・本郷和人・西田友広・遠藤珠紀・杉山巖
(現代語訳)桃崎有一郎・赤澤春彦・今野慶信・杉山巖・工藤浩台
本巻の政治情勢　西田友広
(二〇一二年十二月十日発行)

13 親王将軍　五味文彦・本郷和人・西田友広編
吾妻鏡第四十〜四十二
建長二年(一二五〇)〜建長四年(一二五二)
(編集)五味文彦・本郷和人・西田友広・遠藤珠紀・杉山巖
(現代語訳)喜多泰史・西田友広
本巻の政治情勢　西田友広
(二〇一三年六月二十日発行)

14 得宗時頼　五味文彦・本郷和人・西田友広編
吾妻鏡第四十三〜四十七
建長五年(一二五三)〜正嘉元年(一二五七)
(編集)五味文彦・本郷和人・西田友広・遠藤珠紀・杉山巖
(現代語訳)児嶋貴行・遠藤珠紀・杉山巖
本巻の政治情勢　西田友広
(二〇一四年三月十日発行)

15 飢饉と新制　五味文彦・本郷和人・西田友広編
吾妻鏡第四十八〜五十
正嘉二年(一二五八)〜弘長元年(一二六一)
(編集)五味文彦・本郷和人・西田友広・遠藤珠紀・杉山巖
(現代語訳)落合義明・野村朋弘・佐藤雄基
本巻の政治情勢　西田友広
(二〇一五年四月二十日発行)

16
将軍追放　五味文彦・本郷和人・西田友広編
吾妻鏡第五十一・五十二
　弘長三年（一二六三）〜文永三年（一二六六）
（編集）五味文彦・本郷和人・西田友広・遠藤珠紀・
　杉山巖
（現代語訳）赤澤春彦・杉山巖・今野慶信・桃崎
　有一郎
本巻の政治情勢　西田友広
あとがき　五味文彦
（二〇一五年十二月二十日発行）

本巻担当者（生年／現職／分担）

編　集

五味文彦（ごみ　ふみひこ）　→別掲

本郷和人（ほんごう　かずと）　→別掲

西田友広（にしだ　ともひろ）　→別掲

遠藤珠紀（えんどう　たまき）　一九七七年　東京大学史料編纂所准教授

杉山　巖（すぎやま　いわお）　一九七六年　東京大学史料編纂所学術支援専門職員

現代語訳・注

赤澤春彦（あかざわ　はるひこ）　一九七六年　摂南大学国際学部教授　弘長三年正月〜三月

杉山　巖　弘長三年四月〜九月

今野慶信（こんの　よしのぶ）　一九六九年　駒沢女子大学非常勤講師　弘長三年八月・十月〜十二月
文永二年正月〜三月

桃崎有一郎（ももさき　ゆういちろう）　一九七八年　武蔵大学人文学部教授　文永二年四月〜文永三年七月

編者略歴

五味文彦

一九四六年、山梨県生まれ
一九七〇年、東京大学大学院修士課程修了
現在、東京大学名誉教授・放送大学名誉教授
〔主要著書〕
『増補 吾妻鏡の方法〈新装版〉』、『平清盛』、『書物の中世史』

本郷和人

一九六〇年、東京都生まれ
一九八八年、東京大学大学院博士課程単位取得
現在、東京大学史料編纂所教授
〔主要著書〕
『中世朝廷訴訟の研究』、『新・中世王権論』、『人物を読む 日本中世史』

西田友広

一九七七年、島根県生まれ
二〇〇三年、東京大学大学院博士課程中途退学
現在、東京大学史料編纂所准教授
〔主要著書〕
『鎌倉幕府の検断と国制』、『悪党召し捕りの中世』

現代語訳 吾妻鏡 16 将軍追放

二〇一五年(平成二十七)十二月二十日 第一刷発行
二〇二二年(令和 四)八月 一 日 第二刷発行

編者 五《ご》味《み》文《ふみ》彦《ひこ》
本《ほん》郷《ごう》和《かず》人《と》
西《にし》田《た》友《とも》広《ひろ》

発行者 吉川道郎

発行所 株式会社吉川弘文館
郵便番号一一三―〇〇三三
東京都文京区本郷七丁目二番八号
電話〇三―三八一三―九一五一〈代表〉
振替口座〇〇一〇〇―五―二四四番
http://www.yoshikawa-k.co.jp/

印刷=株式会社 三秀舎
製本=誠製本株式会社
装幀=山崎 登

Printed in Japan ISBN 978-4-642-02723-6

五味文彦・本郷和人・西田友広編

現代語訳 吾妻鏡

全16巻の構成

1 頼朝の挙兵

治承四年(一一八〇)四月～寿永元年(一一八二)

二二〇〇円

治承四年、以仁王の平家追討令旨に応じ東国各地に源氏が蜂起する。伊豆の流人頼朝の挙兵、石橋山合戦、鎌倉入り、富士川合戦から関東掌握へ。黄瀬川宿での頼朝・義経兄弟の対面等、鎌倉武家政権の誕生を活写する。

2 平氏滅亡

元暦元年(一一八四)～文治元年(一一八五)

二三〇〇円

頼朝から解き放たれた東国武士団は瞬く間に京都に殺到し、木曽義仲を撃破。源平合戦は、多くの人々の運命を翻弄しながら壇ノ浦での平氏滅亡を迎える。ヒーローとなった義経は、兄頼朝との対立で没落し、逃亡の身となった。

3 幕府と朝廷

文治二年(一一八六)～文治三年(一一八七)

二二〇〇円

頼朝は後白河法皇に人事等の申し入れを行う。地頭の権限は謀反人の旧所有地に限定される。頼朝の尽力で閑院内裏が再建され、重源の手で東大寺再建も始まる。源行家は摂津で討たれるが、義経は藤原秀衡を頼って奥州に赴く。

4 奥州合戦

文治四年(一一八八)～文治五年(一一八九)

二〇〇〇円

源義経をめぐり京都・平泉・鎌倉間の駆け引きが続く。秀衡亡き後、家督を継いだ泰衡は、鎌倉からの圧力に耐えかね、義経を自害に追い込む。それでも頼朝は泰衡を許さず、泰衡追討の宣旨を待たずに自ら奥州に進発する。

(表示価格は税別)

創業150周年記念出版

5 征夷大将軍 建久元年(一一九〇)~建久三年(一一九二)

二六〇〇円

奥州藤原氏とその遺臣を鎮圧した頼朝は、ついに上洛し後白河法皇と対面、征夷大将軍となる。幕府と朝廷・有力寺社との交渉も頻繁となる一方、内乱による「数万之怨霊」を供養する永福寺も完成。新時代が到来を告げる。

6 富士の巻狩 建久四年(一一九三)~正治二年(一二〇〇)

二四〇〇円

富士の巻狩の場で突発した曽我兄弟の仇討ち。そして頼朝の急死で重石を失った幕府は、若き鎌倉殿頼家の失政と有力御家人間の対立の激化により、混迷の時代に突入した。梶原景時が御家人らの糾弾により失脚し、滅び去る。

7 頼家と実朝 建仁元年(一二〇一)~建保元年(一二一三)

三二〇〇円

将軍頼家は、病気を契機に実権を奪われる。比企能員が討たれ、頼家は修善寺で没する。実朝が将軍になるが、平賀朝雅将軍擁立計画に関与した時政は伊豆に隠居。その子義時が和田義盛との戦に勝ち、侍所別当となった。

8 承久の乱 建保二年(一二一四)~承久三年(一二二一)

二六〇〇円

承久元年正月、実朝は鶴岡八幡宮で兄頼家の子公暁に殺害される。二年後、幕府の混迷を見た後鳥羽上皇は、義時追討の院宣を発する。政子の大演説により御家人結集に成功した幕府は大軍を派遣、朝廷軍と対決する。

9
執権政治
貞応元年（一二二二）～寛喜二年（一二三〇）

二三〇〇円

承久の乱に勝利した幕府では北条義時が没し、子泰時が執権に就任する。大江広元・北条政子ら、幕府草創以来の大物が相ついで没するなか、藤原頼経が摂家将軍に就任。新御所も造営され、幕府政治は新段階へ移行する。

10
御成敗式目
寛喜三年（一二三一）～嘉禎三年（一二三七）

二四〇〇円

寛喜の大飢饉。大火・疫病・地震・洪水。『関東御成敗式目』の制定。評定衆による合議制の確立。執権北条泰時の主導のもとに花開く執権政治。そして泰時の孫経時・時頼、甥金沢実時ら、次代の若者たちが元服を迎える。

11
将軍と執権
暦仁元年（一二三八）～寛元二年（一二四四）

二八〇〇円

将軍頼経は京都で検非違使別当に任命され、内裏や公家の邸宅、寺社等を訪問して帰還した。隠岐で後鳥羽上皇が没し、鎌倉に大仏が造営される。執権北条泰時が没すると、孫経時が後を嗣ぎ、頼経の子頼嗣を新将軍とした。

12
宝治合戦
寛元二年（一二四四）五月～宝治二年（一二四八）

二八〇〇円

寛元四年、北条時頼が執権に就任する。前執権経時が死去するや反時頼派の前将軍藤原頼経と名越氏らが策動。これに対し、時頼は頼経を京都に送還することに成功。翌年、宝治合戦が勃発し、幕府の功臣三浦氏は全滅した。

（表示価格は税別）

13 親王将軍

二八〇〇円

建長二年(一二五〇)~建長四年(一二五二)

執権北条時頼に嫡子時宗が誕生する。九条道家の死をきっかけに、摂家将軍藤原頼嗣の追放と後嵯峨上皇皇子宗尊親王の関東下向と将軍就任が断行された。また、幕府による京都閑院内裏造営は、御家人役のあり方を示す。

14 得宗時頼

二八〇〇円

建長五年(一二五三)~正嘉元年(一二五七)

連署極楽寺重時の出家に続き、病に倒れた執権北条時頼は出家を決意。重時の子長時に執権職を譲る。回復した時頼は僧形で執政を開始。得宗専制政治への第一歩であった。やがて時宗が元服。幕府は静かに転換点を迎える。

15 飢饉と新制

二八〇〇円

正嘉二年(一二五八)~弘長元年(一二六一)

将軍宗尊親王の上洛準備が進められる。隠居した北条時頼だが、依然政治にも関与し、将軍もしばしば最明寺邸を訪れた。諸国で暴風等の被害が大きく、将軍上洛は延期。弘長新制と呼ばれる政治改革の幕府法令も出される。

16 将軍追放

二四〇〇円

弘長三年(一二六三)~文永三年(一二六六)七月

弘長三年、北条時頼が没する。翌年、時頼嫡男時宗が連署となる。文永三年、時宗・北条政村・金沢実時らは将軍宗尊親王側近の陰謀について密議し、宗尊親王は京に送られる。親王入洛の記事を以て『吾妻鏡』は全巻の筆を止める。

別巻　鎌倉時代を探る

五味文彦・本郷和人・西田友広
遠藤珠紀・杉山　巖　編

本編全十六巻に付した解説・注は、必要最低限の事項に限り、簡潔な記述に止めた。それを補完し、原文に触れるための手がかりを提供。さまざまなテーマから鎌倉時代を平易に解説する。『吾妻鏡』の理解が深まる最終巻。

二八〇〇円